L b ^{48} 1750

AFFAIRE

DE GRENOBLE.

N° I.

On trouve chez le même Libraire :

CONSPIRATION dite *Royaliste*. PREMIÈRE PARTIE. Recueil de notes, observations et pièces publiées par le général Canuel et Mᵉ Berryer fils, avocat, impliqué dans une Conspiration *dite* Royaliste, 2ᵉ édit. in-8, 1 f.   *Franc de port*, 1 f. 25 c.

DEUXIÈME PARTIE. *Défense* du baron Canuel, le vicomte de Chappedelaine, le comte de Rieux-Songy, de Romilly, de Joannis, aux attaques extra-judiciaires dirigées contre eux, à l'occasion de la Conspiration *dite* Royaliste, 2ᵉ édit. in-8, 2 f. *Fr. de p.*, 2 f. 50 c.

TROISIÈME PARTIE. *La Conspiration* dite *Royaliste* démontrée fabuleuse et controuvée, par l'ordonnance de mise en prévention, et l'arrêt qui l'annulle. Observations sur le refus de M. le procureur-général de nommer les dénonciateurs; in-8, 2 f. *Fr. de p.*, 2 f. 50 c.

Réponse de M. le lieutenant-général CANUEL, à l'écrit intitulé : Lyon en 1817, par le colonel Fabvier, ayant fait les fonctions de chef de l'état-major du lieutenant du Roi dans les 7ᵉ et 9ᵉ divisions militaires. Un vol in-8°, 1 f. 50 c.   *Franc de port*, 2 f.

Réponse de M. le chevalier DESOTTES, prévôt du département du Rhône, à un écrit intitulé : *Lyon en* 1817, par le colonel Fabvier, etc., etc.; in-8°, 1 f.   *Franc de port*, 1 f. 25 c.

Un et un font un, ou M. Fabvier et M. Charrier-Sainneville. Par M. le comte de Montrichard, Chevalier de Saint-Louis, ci-devant Sous-Préfet à Villefranche (Rhône); 2ᵉ édition, 1 f.
      Franc de port, 1 f. 25 c.

Messieurs Fabvier et Sainneville convaincus d'être ce qu'ils sont. Par P. Bourlier, maire révoqué de Saint-Andéol, 1 f. 50 c.
      Franc de port, 1 f. 75 c.

LES GRANDS DÉFENSEURS des libertés publiques, peints sous leurs véritables traits, ou Notices historiques de quelques orateurs libéraux, pour joindre à leurs portraits lithographiés ; par M. ****. In 8°, 2 f.   *Franc de port*, 2 f. 50 c.

Projet de la Proposition d'accusation contre M. le duc Decazes, pair de France, ancien président du conseil des ministres, ancien ministre de l'intérieur et de la police générale du royaume, à soumettre à la Chambre de 1820; par M. Clausel de Coussergues, membre de la Chambre des députés, conseiller à la Cour de cassation, chevalier de l'ordre royal et militaire de Saint-Louis, officier de l'ordre royal de la Légion-d'Honneur; augmentée d'une réponse à l'écrit de M. le comte d'Argout, pair de France, sur ce Projet d'accusation. Troisième édition. Prix : 4 fr. 50 c., et 5 fr. 30 c. par la poste.

On a imprimé séparément la *Réponse à M. le comte d'Argout*, pour les personnes qui ont la 1ʳᵉ ou la 2ᵉ édition. Prix : 50 cent., et 75 cent. par la poste.

AFFAIRE DE GRENOBLE.

—

MÉMOIRE

POUR LE VICOMTE DONNADIEU,

LIEUTENANT-GÉNÉRAL DES ARMÉES DU ROI,

COMMANDEUR DE L'ORDRE ROYAL ET MILITAIRE DE SAINT-LOUIS,

GRAND-OFFICIER DE L'ORDRE ROYAL DE LA LÉGION-D'HONNEUR ;

SUR LA PLAINTE EN CALOMNIE PAR LUI PORTÉE

CONTRE

LES S^rs REY, CAZENAVE ET REGNIER,

Auteurs et signataires d'une pétition pour quelques habitans de Grenoble.

Multi bonitate principum et honore qui in eos collatus est, abusi sunt in superbiam. Et non solum subjectos regibus nituntur opprimere, sed datam sibi gloriam non ferentes, in ipsos qui dederunt moliuntur insidias, dum aures principum simplices et ex suâ naturâ alios œstimantes, callidâ fraude decipiunt.

(ESTHER, cap. XVI, v. 2, 3 et 6.)

Plusieurs ont abusé de la bonté des Princes et de l'honneur qu'ils en ont reçu, pour en devenir superbes et insolens ; et non seulement ils tâchent d'opprimer les sujets des rois, mais ne pouvant supporter la gloire dont ils ont été comblés, il font des entreprises contre ceux même de qui ils l'ont reçue, en surprenant par leurs déguisemens et par leur adresse la bonté des Princes, que leur sincérité naturelle porte à juger favorablement de celle des autres.

(*Traduction de* LEMAISTRE DE SACY.)

PARIS,

J. G. DENTU, IMPRIMEUR-LIBRAIRE,

rue des Petits-Augustins, n° 5 (ancien hôtel de Persan).

—

1820.

Je déclare que je poursuivrai devant les tribunaux tous débitans d'exemplaires du présent Mémoire qui ne seraient pas revêtus de ma griffe.

Paris, 16 septembre 1820.

AFFAIRE DE GRENOBLE.

~~~~~~

MÉMOIRE

POUR LE VICOMTE DONNADIEU,

SUR LA PLAINTE EN CALOMNIE PAR LUI PORTÉE

CONTRE

LES Srs REY, CAZENAVE ET RÉGNIER,

Auteurs et signataires d'une pétition pour quelques habitans
de Grenoble.

———

Jusqu'a ce jour, le lieutenant-général Donnadieu n'a pu obtenir que justice lui fût rendue.
Vainement, après avoir demandé des juges,
s'est-il adressé aux Chambres, pour que les
ministres du Roi fissent enfin connaître la vérité sur les évènemens de Grenoble; les ministres ont gardé le silence, et le général s'est
vu dans la nécessité de porter plainte devant
les tribunaux, contre les auteurs d'une pétition

I

où il est accusé d'assassinat! Au milieu des alarmes générales, il faut se hâter de détruire les mensonges; le temps nous presse : qu'il soit permis du moins d'emporter de cette lutte son honneur sauf, et son nom sans souillures.

Libre de crainte et d'espérance, je ne suis rien dans les partis; je dirai les vérités dont je peux donner la preuve. J'en tairai d'autres qui, plus tard, deviendront manifestes à leur tour. Je me propose, dans cet écrit :

1º De retracer tous les évènemens qui ont eu lieu tant que le général Donnadieu a conservé le commandement de la 7º division militaire, et d'exposer les principes qui ont réglé sa conduite;

2º De signaler le système et les manœuvres à l'aide desquels les faits ont été dénaturés et la vérité étouffée;

3º Enfin, je répondrai aux imputations des calomniateurs, et s'il fut un coupable, je le ferai reconnaître.

Quand je parle du ministère français, je ne nomme qu'un seul homme; je le dois. M. Decazes, durant le cours de quatre années, a seul dominé toutes les affaires du royaume. Enhardi par l'incapacité ou la mollesse de ses collègues, sans système et sans opinion, sans

autre but que la défense journalière de sa position, abandonné au mouvement des circonstances, il a opprimé alternativement tous les
partis, flatté toutes les haines, blessé toutes
les consciences, froissé toutes les affections;
il n'a respecté aucune résistance; et nous avons
vu tour à tour MM. Richelieu, Barbé Mar-
bois, Dambray, Pasquier, de Feltre, du Bou-
chage, Molé, Corvetto, Roy, Vaublanc,
Lainé, Dessolles, Louis et Gouvion Saint-Cyr
(hommes d'opinions si différentes), prendre
ou quitter le ministère, selon qu'ils sem-
blaient partager ou combattre ses volontés du
moment. M. Decazes a été constamment premier ministre de fait (1), et il n'a su user de ce

(1) Un seul fait décèle à la fois la puissance et la versatilité
de M. Decazes. A la fin de 1818, opposé à tout changement
de la loi des élections, il réduisit MM. Richelieu, Lainé et
Molé à abandonner le porte-feuille. Il souleva toutes les puissances de son double ministère, pour repousser la proposition de M. Barthélemy, s'écriant à la tribune : *Proposition
que je regarde comme la plus funeste qui puisse sortir
de cette enceinte.* Il décrédita la pairie par la nomination
de soixante pairs, pour briser la majorité formée dans la
Chambre haute. Dix mois s'écoulèrent à peine, et M. Decazes
proposait lui-même une autre loi d'élections, et écartait du
ministère MM. Dessolles, Louis et Gouvion-Saint-Cyr, qui
ne voulaient point adopter ses nouvelles idées.

pouvoir immense que pour tromper l'Europe, la France et son maître. Hélas ! les plus sages des Rois doivent s'égarer, quand ils ont le malheur d'être livrés une fois à des hommes qui ont l'art de se rendre nécessaires. Dioclétien disait : « Il n'y a rien de plus difficile que de « bien gouverner : quatre ou cinq hommes s'u- « nissent et se concertent pour tromper l'em- « pereur. Lui, qui est enfermé dans ses cabi- « nets, ne sait pas la vérité. Il ne peut savoir « que ce que lui disent ces quatre ou cinq « hommes qui l'approchent. Il met dans les « charges des hommes incapables ; il en éloigne « les gens de mérite. C'est ainsi, disait ce prince, « qu'un bon empereur, un empereur vigilant « et qui prend garde à lui, est vendu. *Bonus,* « *cautus, optimus venditur imperator* (1). »

_____

(1) Bossuet, *Polit. sac.*, liv. v, art. 2, prop. 5.

PREMIÈRE PARTIE.

LE LIEUTENANT-GÉNÉRAL DONNADIEU, fils d'un officier de carabiniers, est né en 1777; entré dans la carrière des armes sous Lukner et Pichegru, il servit à l'armée du Rhin comme capitaine, sous les ordres du général Moreau. Après un grand nombre de campagnes (1), il était parvenu au grade de maréchal de camp, lorsqu'en 1814, Sa Majesté rentra dans ses États. Le commandement du département d'Indre-et-Loire fut alors confié au général Donnadieu. Quand Buonaparte viola le traité de Fontainebleau, le général, fidèle à ses sermens, et mesurant l'étendue des maux dont son pays était me-

---

(1) J'aurais pu citer ici les pages du *Moniteur*, pour retracer d'une manière honorable la vie militaire du général Donnadieu. Mais je ne m'occupe que des évènemens postérieurs à la restauration. Le général sera peint par lui-même dans ses discours, dans ses écrits. On verra comment ont été flétris de belles actions et un beau caractère.

nacé, multiplia ses efforts pour contenir dans le devoir les troupes placées sous ses ordres. Vaincu par l'égarement des soldats, il se rendit à Bordeaux, auprès de S. A. R. MADAME. L'ordre suivant fut adressé à tous les colonels de gendarmerie, pour l'arrêter :

INSPECTION GÉNÉRALE DE LA GENDARMERIE
IMPÉRIALE.

(Circulaire.)

Paris, le 25 avril 1815.

« M. le colonel, Son Excellence le ministre « de la guerre m'invite à faire rechercher et ar- « rêter le maréchal de camp Donnadieu, qui, « lors des derniers évènemens, a marqué *par* « *sa mauvaise conduite*, et son opposition pro- « noncée au retour de l'empereur. Le sieur Don- « nadieu était employé à Tours, et, sans au- « cun ordre, il alla rejoindre la duchesse d'An- « goulême..........

« Vous voudrez bien me faire connaître le résultat de ces recherches.

« *Le premier inspecteur-général*,

« *Signé* le duc DE ROVIGO. »

Le général alla trouver le Roi à Gand. Il reçut alors un témoignage précieux de la satisfaction royale, et fut nommé commissaire extraordinaire de Sa Majesté (1).

Au mois de juillet 1815, le général Donnadieu était en Espagne; il arriva assez tôt sur les terres de France pour arrêter le général espagnol prêt à entrer dans Bayonne; il pénétra seul dans cette place, et y fit arborer le drapeau blanc (2).

Appelé, avec le grade de lieutenant-général, au commandement de la 7e division militaire, M. Donnadieu arriva à Grenoble le 12 décembre 1815, et donna aux troupes un ordre du jour où se manifestent les principes de dévoûment au Roi, d'amour du pays, de modération et de prudence, qui, ainsi qu'on le verra dans la suite de cet écrit, ont constamment servi de règle à sa conduite.

L'ordre du jour portait :

.... « Dans les devoirs que nous avons à « remplir, et qui, malheureusement jusqu'à ce « jour, n'ont que trop souvent été dénaturés, « sachons donc bien nous convaincre que nous

---

(1) Voir Pièces justificatives, nos I et II.
(2) *Idem*, no III.

« ne sommes institués et créés que pour faire
« respecter les lois de l'Etat, que pour obéir,
« dans la soumission et le respect le plus pro-
« fond, aux volontés de notre Souverain, ver-
« ser notre sang et mourir pour sa personne
« sacrée. Que chacun de nous apprenne que
« c'est dans ces principes seuls que se trouve
« le véritable honneur, et dans les actions qui
« en découlent, la véritable gloire, objet de
« tous nos travaux; qu'il n'y a que le courage
« qui combat pour le Prince et la patrie, et la
« défense des lois, qui mérite l'estime et la
« considération publique..... »

Les esprits, dans cette province, se ressen-
taient de la secousse violente que leur avaient
donnée les évènemens de 1815. La situation
inquiétante du département de l'Isère est prou-
vée par les rapports de M. Sainneville, alors
commissaire-général de police à Lyon. On lit
en effet, dans un de ces rapports, sous la date
du 8 octobre 1815 :

« L'esprit des campagnes est déplorable; les
« royalistes y sont insultés. De secrets émis-
« saires ne cessent d'y corrompre l'opinion ; le
« parti a ses messagers, ses agens; on peut
« signaler comme tels les percepteurs des com-
« munes rurales, les mendians vagabonds, les

« colporteurs, et, en général, les gardes cham-
« pêtres. Ces menées ont lieu surtout dans deux
« ou trois cantons de notre département, ceux
« du Bois-d'Oingt et de Belleville, dans l'ar-
« rondissement de Villefranche; celui de Con-
« drieux, dans l'arrondissement de Lyon.
« *Elles sont plus actives encore* dans les dé-
« partemens voisins, comme l'Ain, le Jura,
« l'*Isère* et celui de la Drôme. »

Dans un autre rapport de M. Sainneville,
du 12 décembre 1815, jour où le général Donnadieu prit le commandement de la 7ᵉ division
militaire, on trouve le passage suivant :

« On peut attribuer l'amélioration de l'es-
« prit public, dans notre département, à la
« loi du 29 octobre (1), aux arrestations qui

---

(1) M. Sainneville avait dit plus haut : *La loi du* 29 octobre *a sauvé la France.*

C'est la loi relative à *des mesures de sûreté générale*, à
propos de laquelle M. Decazes disait, dans une circulaire
adressée aux préfets :

« Je n'ai pas besoin, monsieur, de vous rappeler que,
« quand il s'agit de la sûreté de l'État, *le remède le plus*
« *prompt est aussi le moyen le plus juste.* Ne craignez
« jamais, en agissant dans cette vue, de compromettre votre
« responsabilité. Comptez, au contraire, sur tout mon ap-
« pui; et lors même que je ne croirais pas devoir adopter

« ont eu lieu, au remplacement de plusieurs
« maires et d'un grand nombre de receveurs
« des impositions dans les communes rurales,
« aux mesures discrétionnaires que j'ai prises
« ici, et à la juste confiance que le gouverne-
« ment inspire à tous les citoyens; enfin, à
« l'attachement toujours plus prononcé pour
« le Roi et les Princes de son auguste famille.
« Je ne perds pas une occasion d'exciter à
« d'aussi justes sentimens.

 « Dans les départemens qui nous environ-
« nent, l'opinion n'est pas bonne; il paraîtrait
« qu'elle s'améliore dans le département de
« l'Ain; *mais dans celui de l'Isère, un très-*
« *mauvais esprit se fait toujours remarquer.* »

Le crime commis en 1819, par l'élection du
régicide Grégoire, fait d'ailleurs trop bien connaître quelle est la hardiesse et l'opiniâtreté des
révolutionnaires de ce département.

Peu de temps avant l'arrivée du général Donnadieu, un mouvement séditieux avait eu lieu
dans la commune de Jonnage (1). Bientôt le

« quelques-unes de vos propositions, vous devez être assuré
« que je saurai toujours rendre justice aux intentions qui
« vous les ont suggérées. »

(1) Voir Pièces justificatives, n° IV.

général fut averti, par le ministre de la guerre, des désordres qui venaient d'affliger la ville d'Avignon. Ce fut l'occasion, pour le général Donnadieu, d'adresser à Son Excellence les réflexions les plus sages, et de proposer de prudentes mesures pour calmer l'effervescence de ces contrées (1).

Au mois de janvier 1816, le même ministre l'avertit que des bandes de brigands s'organisaient sur les routes qui suivent le cours du Rhône, et lui prescrivit les moyens de répression les plus sévères (2).

Cependant éclata dans Lyon la conspiration du 21 janvier. C'est encore dans les rapports de M. Sainneville lui-même, qu'il faut chercher quel était le caractère, quelle était l'étendue de ce premier complot. On lit dans son rapport adressé au ministre de la police générale, le 5 février 1816 (3) :

5 février 1816.

« D'après les interrogatoires subis par les

_____

(1) Voir Pièces justificatives, n° V.

(2) *Idem*, n° VI.

(3) On apprendra plus loin, dans ce Mémoire, pourquoi, dans son *Compte rendu* publié en 1818, M. Sainneville a présenté les évènemens sous un autre aspect.

« prévenus, les renseignemens fournis par le
« sieur Simon, ceux que j'ai moi-même obtenus
« dans les premiers jours de janvier, ceux que
« je me suis procurés de nouveau, et les autres
« preuves acquises jusqu'à ce jour, il demeure
« constant.......

« Que toutes les mesures avaient été con-
« certées dans une assemblée tenue à Paris, le
« 20 octobre dernier, sous les auspices d'*une*
« *partie des ministres démissionnaires;*

« Que c'est dans cette réunion générale que
« furent choisis les députés envoyés sur les di-
« vers points de la France;

« Qu'*au moment où l'insurrection éclate-*
« *rait dans le département de l'Isère,* le quar-
« tier-général du comité-directeur serait établi
« à Saint-Denis-de-Brou, premier relais de
« poste sur la route de Lyon à Grenoble,
« comme étant le point le plus central pour la
« distribution des ordres....... »

M. Sainneville ajoute que, dans une seconde
réunion des conjurés : « Le sieur Rosset an-
« nonça en particulier au sieur Simon que M. de
« Lavallette allait à Paris pour rendre compte,
« *au comité général* qui y était établi, des me-
« sures prises dans les divers départemens, et
« qu'en quittant l'assemblée, ils iraient en-

« semble au faubourg de la Guillottière, voir
« un des chefs. (C'est en effet le même soir
« que les sieurs Rosset et Lavalette virent, au
« faubourg de la Guillottière, le sieur Di-
« dier.) »

Aucun mouvement ne se manifesta dans le
département de l'Isère : mais la fermentation
des esprits devint plus menaçante ; mais Didier
ne fut point arrêté. Ce député des cent-jours,
ce commissaire du club de Paris, cet infati-
gable agent de *l'indépendance nationale* (1),
alla travailler à de nouvelles conjurations.

Au mois de février, une sédition eut lieu
dans la commune du Grand-Lemps. Cet évènement a été, pour les signataires de la pétition (objet de la plainte portée par le vicomte
Donnadieu), l'occasion de se livrer contre lui
à de premières calomnies. Pour apprécier dès à
présent leur bonne foi et la justice de leurs attaques, il est nécessaire d'entrer dans quelques
explications.

« Ce fait, ont-ils dit, est une preuve de la
« prétendue haine de M. Donnadieu pour *l'in-*
« *justice* et *l'arbitraire*...... Il ne fallait qu'un
« prétexte à M. Donnadieu pour tenter une *usur-*

(I) C'est le nom de l'association des conspirateurs.

« *pation de pouvoir, et pour exercer une vexa-*
« *tion contre un homme qui avait le malheur*
« *de lui déplaire.* »

Voici le fait. D'après les ordres du ministre
de la guerre (1), le général Donnadieu avait or-
donné l'arrestation d'un sieur Émery (Apollinaire), chirurgien-major de l'ex-garde. Les paysans s'étaient ameutés au nombre de deux ou
trois cents, pour s'opposer à l'enlèvement du
prisonnier (2). Le général fit part de cette rébellion au préfet du département. Ce magistrat
prit, le 6 février, un arrêté par lequel, « Con-
« sidérant que, d'après les ordres de M. le
« lieutenant-général commandant la 7ᵉ division
« militaire, le sieur Émery (Apollinaire), ex-
« chirurgien-major de la vieille garde, placé
« en surveillance au Grand-Lemps, arrondis-
« sement de la Tour-du-Pin, devait être con-
« duit par la gendarmerie à une nouvelle des-
« tination, conformément à des instructions
« émanées de l'autorité supérieure (3); que
« lorsque le détachement de gendarmerie s'est

(1) Voir Pièces justificatives, n° VII.
(2) *Idem*, n° VIII.
(3) Ici les auteurs de la pétition disent : « Voilà *l'im-*
« *posture* qui servait à voiler la vexation. »

« présenté dans cette commune, une foule de
« personnes se sont opposées à l'exécution de
« l'ordre dont il était porteur ;

« CONSIDÉRANT que cette conduite de la part
« des habitans du Grand-Lemps est un véri-
« table acte de sédition et d'opposition à l'au-
« torité du gouvernement, qu'il importe de ne
« pas laisser impuni; »

Le préfet arrête qu'un détachement sera envoyé en garnison militaire dans la commune du
Grand-Lemps (1).

Cet acte était complètement étranger au général Donnadieu; cependant, il rendit compte
au ministre des mesures qui avaient été prises,
par lettre du 7 du même mois : « Monseigneur,
« CONFORMÉMENT AUX ORDRES DE VOTRE EXCEL-
« LENCE (2), j'ai donné au commandant de la
« gendarmerie de la division, l'ordre de faire
« arrêter sur le champ M. Émery (Apollinaire),
« et de le faire conduire à la citadelle de Be-
« sançon, etc. »

_____

(1) Cette mesure était conforme aux instructions contenues dans la lettre ministérielle du 17 janvier. (Pièces
justificatives, n° VI.)

(2) Les ordres du ministre existaient donc! Où est *l'arbitraire?* où est *l'imposture?*

Le ministre approuva, par la lettre suivante, les mesures qui avaient été prises :

Paris, le 16 février 1816.

« Monsieur, je vois, par votre lettre en date
« du 7 courant, qu'un attroupement considé-
« rable, composé en grande partie d'anciens
« militaires, s'est formé dans la commune de
« Lemps, à l'occasion de l'arrestation du sieur
« Émery, chirurgien de l'ex-garde, et que,
« non contens d'avoir empêché, à deux repri-
« ses, l'exécution de cet ordre, les mutins ont
« proféré des menaces contre les gendarmes,
« et ont même fait entendre plusieurs fois des
« cris séditieux.

« Je ne puis qu'approuver les soins que vous
« avez eus, au premier avis de cet évènement,
« de prendre les mesures les plus promptes
« pour étouffer ce germe de rébellion, en recher-
« cher les principaux auteurs, et *assurer l'exé-*
« *cution des ordres donnés* à l'égard du sieur
« Émery. En de pareils cas, vous ne sauriez
« agir avec trop de promptitude et de vigueur,
« et *vous devez réunir sur le champ tous les*
« *moyens qui sont à votre portée, pour ne*
« *laisser aux séditieux le temps ni de résister*
« *ni de se reconnaître; un premier exemple*

« *frappé à temps et avec succès, décide pres-*
« *que toujours du maintien de l'ordre public,*
« *comme un pas rétrogade ou une marche*
« *incertaine peuvent être le signal de mille*
« *désordres*.....

« J'approuve les règles de conduite que vous
« vous êtes tracées à l'égard des officiers en non
« activité (1) ; on ne saurait mettre une atten-
« tion trop suivie à leur faciliter la voie du re-
« tour, à leur tenir compte de ce qu'ils font
« de bien, et à leur donner la conviction que
« rien de ce qu'ils feront pour mériter la con-
« fiance, ne sera perdu pour l'autorité. On doit
« autant d'égards à ceux qui font preuve de

---

(1) On voit, par ce passage de la lettre du ministre,
quels étaient les principes de bien public qui dirigeaient le
vicomte Donnadieu. Il avait dit, dans sa lettre du 7 février : « Jusqu'à ce moment, au milieu de cette masse de
« mauvaises dispositions, particulièrement dans les habi-
« tans des campagnes, je n'ai pas eu à me plaindre de la
« conduite de MM. les officiers à demi-solde ; au contraire,
« comme j'en ai fait part à Votre Excellence, ils montrent
« la plus grande soumission aux volontés du Roi ; aussi,
« pour les encourager et exciter leur zèle, je prie Votre
« Excellence de vouloir bien approuver que j'en emploie
« quelques-uns dans des commissions temporaires, pour com-
« mander des places ou tout autre service. » Voilà l'esprit
d'exagération et de persécution reproché au général Donnadieu.

2

« bons sentimens, que de sévérité à ceux qui
« persistent dans le mal. S'il en est quelques-
« uns que vous croyez pouvoir employer avec
« sûreté dans des postes et des fonctions de
« circonstance, je vous accorde sans difficulté
« *l'autorisation que vous me demandez*. Ce
« sera une satisfaction pour ceux que vous au-
« rez choisis, et une espérance pour les autres.

« J'ai l'honneur d'être, etc.

« *Signé* maréchal duc DE FELTRE. »

On voit que, dans toute cette affaire, le général Donnadieu se borna à transmettre les
ordres de Son Excellence aux fonctionnaires
compétens. Voilà son *usurpation de pouvoirs!*
voilà sa *vexation contre un homme qui avait
eu*, dit-on, *le malheur de lui déplaire!*

Peu de temps après, une autre rébellion,
contre la gendarmerie, fut réprimée à Saint-
Amartin, près Briançon (1). C'est dans ces circonstances que M. Decazes paraît avoir adressé
au ministre de la guerre, sous la date du 1er mars
1816, une lettre qu'il fit insérer dans le *Journal de Paris* du 9 septembre 1819, comme un
témoignage des précautions qu'il aurait prises»

_____

(1) Voir Pièces justificatives, n°. IX.

pour prévenir l'insurrection armée du 4 mai (1).
Un bataillon de la légion de l'Hérault arriva en
effet à Grenoble (2).

Les faits qui précèdent suffiront au lecteur
pour juger de la disposition des esprits dans
le département de l'Isère, avant et depuis l'arrivée du général Donnadieu dans la 7e division
militaire. Les évènemens de 1815 y avaient
laissé une impression profonde et funeste. Didier et ses agens excitaient à la révolte, l'autorité des magistrats était méconnue, des placards incendiaires étaient affichés dans les
rues (3), une inquiétude *vague*, *mais réelle*,
troublait les âmes honnêtes, et secondait l'audace des factieux. Le général fit connaître au
ministre l'état des choses, et lui communiqua
ses craintes. Toutefois, il soutenait par son
zèle le dévoûment des soldats, contenait les
agitateurs par sa fermeté ; ses ménagemens
réconciliaient avec le gouvernement du Roi
les officiers en non activité. C'est en de telles
circonstances qu'il fut invité à se rendre à Besançon pour faire partie d'un conseil de guerre.

---

(1) Voir pièces justificatives, no X.
(2) *Idem*, no XI.
(3) *Idem*, no XII.

Il crut devoir différer son départ, sentant combien sa présence était nécessaire à Grenoble. Mais à la fin d'avril, il devait, d'après les ordres du ministre, se rendre avec les troupes de sa division, sur le passage de S. A. R. Mme la duchesse de Berry. C'est alors que les drapeaux furent distribués aux légions. Le général, en cette occasion, tint aux troupes le discours suivant (1) :

« Au nom du Roi et de par le Roi, offi« ciers, sous-officiers et soldats, je remets « sous la sauve-garde de votre honneur et de « votre fidélité, ces drapeaux. Vous allez jurer « de les suivre partout, et de mourir en les « défendant. Soldats, voilà le vrai signe de « l'honneur et de la vaillance. C'est celui qui « guida les pas des Duguesclin, des Bayard, « des Turenne et des grands capitaines qui nous « ont ouvert la carrière de la gloire. C'est sous « cette noble et antique bannière qu'ils ont « illustré la France, et l'ont portée au premier « rang des royaumes du monde. Jurez donc « devant Dieu, par leurs mânes sacrés, de les « imiter, et de mourir dignes d'eux et de la « patrie qui vous contemple. C'est sur la terre

_____

(1) 28 avril 1816.

« de Bayard, sur les cendres révérées du brave
« des braves, de celui qui fut le modèle de
« l'honneur et de la fidélité, que vous allez
« faire ce serment. Que sa voix pénètre dans
« vos cœurs, et que son exemple serve à jamais
« de guide à toutes vos actions.

« Vive le Roi ! vivent la France et les Bour-
« bons ! »

Ce cri de *vive le Roi!* fut répeté dans tous
les rangs. Bientôt, hélas! arriva le moment
où ces braves légions durent manifester, par
leur conduite, la loyauté de leurs sentimens et
les bons effets des instructions de leur général.

Le vicomte Donnadieu, convaincu que de
toutes parts on poussait à la sédition les habitans de l'Isère, n'avait reçu cependant aucun
avis particulier du complot qui devait éclater
à Grenoble dans la soirée du 4 mai.

Les *pétitionnaires*, qui n'ont point osé l'accuser de *provocations directes*, sont obligés
de dire, pour rendre hommage à la vérité :
A cet égard, la voix publique est moins
défavorable au général Donnadieu. On
croit assez généralement, à Grenoble, qu'il
n'était point positivement instruit des projets
des rebelles, et qu'il a même été pris au
dépourvu dans le moment de l'exécution.
(Page 24.)

Cette vérité est encore mieux démontrée par le récit des faits contenus dans un Mémoire de M. de Montlivaut, que M. Decazes fit insérer en partie dans le *Journal de Paris* du 2 octobre 1819. On y trouve les passages suivans :

« Je sortis de chez le général à huit heures (1). J'étais accompagné du baron Prévot, colonel des dragons de la Seine. A quelque distance de la Préfecture, je rencontrai mon neveu, qui m'apportait, en courant, une lettre *extrêmement pressée*. J'essayai de la lire à la lueur du réverbère ; je ne pus y réussir ; je rentrai chez moi, et la lus sur l'escalier ; elle était de M. Clappier de Lille, adjoint de la commune de Vif, et m'avertissait que des paysans insurgés étaient dans ce moment rassemblés dans le bois d'Echirolles. Je trouvai le baron Prévot dans mon cabinet, et, dans mon antichambre, plusieurs personnes qui venaient me faire des rapports pressans, entr'autres un Suisse établi à Eybens, que M. le curé m'envoyait pour me dire que le village se remplissait d'hommes armés, et un gendarme qui avait été arrêté par les insurgés, et n'avait dû son salut qu'à la vigueur de son

---

(1) Huit heures du soir, le 4 mai.

cheval. Je prenais mon chapeau pour retourner chez le général, lorsqu'il entra chez moi; il venait de recevoir un billet de M. de Montauban, qui lui donnait les mêmes renseignemens que ceux qui avaient été transmis par l'adjoint de Vif. Ce fut, comme il l'a dit lui-même dans le temps, la première communication qui lui donna de l'inquiétude.

« M. le prévôt et moi interrogeâmes sommairement, devant lui, les personnes qui étaient chez moi.... Dans ce moment arriva l'adjoint de Lamure, M. Chuzin, qui s'est conduit avec un dévoûment et un courage qui lui ont mérité et obtenu de Sa Majesté la décoration de la Légion-d'Honneur, et un office de notaire à Grenoble. Il nous instruisit de la marche des rebelles, de leur arrivée à Eybens, et de la manière hardie dont il était parvenu à leur échapper......

« Le général sortit; mais à peine avait-il été cinq minutes dehors, qu'il rentra, et nous raconta, avec tous les détails, l'arrestation qu'il venait de faire du lieutenant d'artillerie Aribert (1). »

_____

(I) Le sieur Aribert était un lieutenant d'artillerie que le général Donnadieu rencontra dans la rue, entre neuf et

Cette arrestation convainquit le général Donnadieu qu'il existait des intelligences entre la ville et les campagnes.

Les renseignemens se succédaient avec rapidité, et donnèrent la certitude qu'une troupe composée de militaires retirés et de paysans des montagnes de La Mure, de l'Oisans, de Vizille et d'autres communes circonvoisines, était réunie à Eybens et à Echirolles, et se portait sur Grenoble.

Aussitôt on fit des dispositions militaires. Vers onze heures, des feux parurent sur diverses hauteurs, et les insurgés s'approchèrent de la ville par la route d'Eybens et celle de Claix, aux cris de *vive l'empereur !*

Toutes les troupes de la garnison furent mises sous les armes. Le général Donnadieu envoya en reconnaissance sur Eybens deux détachemens, dont l'un rencontra bientôt les rebelles marchant sur la ville, au nombre de quatre à cinq cents hommes, au milieu de la nuit la plus obscure. Ce détachement fut d'a-

---

dix heures du soir, enveloppé d'une ample redingote, et qui semblait vouloir l'éviter ; il l'arrêta, l'interrogea avec autorité, et le forçant de se découvrir, le trouva armé d'un pistolet d'arçon et d'un sabre de cavalerie. (*Moniteur* du 15 mai 1816.)

bord repoussé. Le général fit soutenir sur le champ cette reconnaissance par la légion de l'Isère, qui sortit de la ville aux cris de *vive le Roi!* Le colonel Vautré, qui marchait à la tête de la légion, l'entraîna au pas de charge, et la baïonnette en avant, contre l'ennemi, qui, après quelque résistance, fut mis en déroute, poursuivi sans relâche pendant une lieue, et après avoir cherché en vain à se rallier, fut enfin obligé de se disperser dans les montagnes, laissant environ cent prisonniers. On lui tua un assez grand nombre d'hommes, entr'autres un des chefs, Joannini, ancien officier de gendarmerie. La légion de l'Isère eut deux hommes tués et quatorze blessés.

On peut juger du projet de ces rebelles par la disposition de leur marche sur Grenoble. Trois colonnes avaient débouché en même temps par les villages de Claix, d'Eybens et d'Echirolles, et s'avançaient au milieu de la nuit pour surprendre la ville, en s'emparant des portes de la Graille, de Bonne et de Très-Cloîtres, pendant qu'une quatrième colonne, venue par les montagnes de Meylan et de Saint-Egrève, s'emparait de la Bastille, petit fort situé au milieu de la ville, et dominant la porte de France. Elle était déjà parvenue à s'y loger, quand un assaut subit et hardi, qui lui fut donné par un détachement du bataillon de l'Hérault, commandé par le capitaine Durand, et quelques soldats de la compagnie départementale, ayant à leur tête le capitaine Pellat, la débusqua, et lui fit éprouver le sort de celles qui étaient culbutées dans la plaine.

Le lendemain, la légion de l'Isère poussa jusqu'à La Mure, où elle s'assura de la dispersion des rebelles qu'elle avait eus à combattre.

La Cour prévôtale fut saisie d'une première affaire (1); on reconnut alors que ce même Didier qui avait dirigé les conjurés de Lyon, au mois de janvier précédent, était encore à la tête de ce nouveau complot. Le 6 mai, le général Donnadieu reçut du prévôt du département le rapport suivant :

« Mon général,

« Je crois précieux à la sûreté publique de vous communiquer à l'instant quelques-uns des résultats que nous venons d'obtenir de notre dernier interrogatoire.

« Le mouvement d'avant-hier n'est pas une

_____

(1) On rendra compte plus loin des jugemens qui ont été prononcés.

pure tentative bien folle et bien hasardée de
quelques jeunes gens étourdis autant que factieux, ameutant des paysans imbécilles et
quelques soldats avides de nouveaux brigan-
dages. Il avait à sa tête un homme excessive-
ment fin et adroit, timide par nature, et qui
ne se serait pas légèrement exposé à de grands
périls, sans une forte probabilité de succès.
Il s'agit du sieur Didier, avocat, ex-maître des
requêtes avant les cent-jours, qui a trahi suc-
cessivement tous les gouvernemens que la
France ait eus depuis vingt ans. Cet homme
était avec les brigands rassemblés à Eybens. Il
dirigeait tous les mouvemens. Il se flattait
d'une réussite immanquable à Grenoble, et
comptait se porter ensuite sur Lyon. Tout annonce donc de nombreuses intelligences avec
les jacobins, les napoléonistes, les amateurs
de guerres perpétuelles et les hommes qui vivent de révolutions. C'est le moment, ce me
semble, de prendre contr'eux de grandes précautions, et même des mesures décisives.

« Auprès de Didier était le nommé *Cous-*
seaux, chef du ramas connu sous le nom de
bataillon sacré pendant les cent-jours. Cet
homme signait *comte Bertrand* au bas des
réquisitions qu'il frappait sur les paysans.

« Enfin, un être fort énigmatique, que l'on qualifiait du titre de *général*, semblait être un objet de respect de la part de Didier et Cousseaux. Cet homme parlait peu à Eybens. Il est petit, trapu, marqué de la petite-vérole. Il était en habit bleu et gilet blanc, et portait un chapeau rond.

« On croyait le préfet parti dans l'après-dînée. On avait la *certitude* de vous arrêter, ainsi que les diverses autorités, lesquelles devaient être toutes renouvelées. La noblesse eût été emprisonnée, etc., etc.

« J'ai l'honneur d'être, etc.

« *Signé* S. PLANTA. »

Les renseignemens obtenus dans les diverses procédures qui eurent lieu, confirmèrent, ainsi que M. de Sainneville l'avait reconnu au mois de janvier, que *Didier était un des dix-sept commissaires envoyés de Paris par la société de l'indépendance nationale, dans toutes les provinces de France* (1).

Ce fut alors que M. Decazes, reconnais-

_____

(1) Voir Pièces justificatives, n° XIII.

sant en ce moment la gravité des faits, adressa par estafette aux préfets de quinze départemens, une circulaire sur les précautions à prendre contre ce mouvement révolutionnaire. *Si vous apercevez*, dit Son Excellence, *le plus léger symptôme de soulèvement, ne balancez pas. La plus grande vigueur et une rigueur égale doivent être déployées dès le principe.* L'HÉ-SITATION SEULE SERAIT COUPABLE, *parce que les suites en seraient incalculables. En pareil cas, un pouvoir discrétionnaire est confié aux magistrats.... Concertez-vous avec l'au-torité militaire ; agissez à propos et avec cé-lérité ; tout ce que vous aurez fait d'accord aura l'approbation du Roi* (1)..... *Multipliez vos relations, envoyez-moi un exprès au moindre mouvement. Prenez conseil des circonstances ; usez de la latitude qui vous est accordée ; vous pouvez compter sur l'ap-probation comme sur l'appui du gouverne-ment.*

Tous les rapports sur l'évènement du 4 mai

_____

(1) C'est sans doute pour avoir suivi les instructions de Son Excellence, que M. de Chabrol, préfet du Rhône, a été accusé, avec le général Canuel, d'avoir fomenté les troubles de Lyon.

étaient parvenus'à Paris, et le ministre de la
guerre adressa au général Donnadieu la lettre
suivante :

Paris, 13 mai 1816.

« Général, je m'empresse de vous annoncer
« que le Roi, satisfait des services que vous
« venez de rendre, en repoussant l'agression
« criminelle et insensée des factieux qui ont
« menacé Grenoble, vous a conféré le titre de
« vicomte........

« Je me félicite, général, d'avoir à vous
« faire connaître les marques de la bienveil-
« lance du Roi. J'ai lieu de penser qu'elles ne
« seront point les seuls témoignages que vous
« recevrez de la satisfaction de Sa Majesté, et
« que le Roi verra avec plaisir que je lui rap-
« pelle votre fidélité et vos services, lorsque
« j'aurai l'occasion de lui proposer une pro-
« motion de commandeurs de l'ordre royal et
« militaire de St.-Louis.

« *Signé* le duc DE FELTRE. »

Dans une autre lettre du 14 mai, Son Excellence disait au général :

« Sa Majesté m'a répété plusieurs fois, et
« elle me le disait encore hier, qu'*elle est*
« *très-satisfaite de votre conduite,* et qu'elle
« regarde comme essentiels les services que
« vous avez rendus au Roi et à l'Etat, depuis
« le 4 mai. Les Princes de sa famille partagent
« les sentimens de Sa Majesté à cet égard : il
« serait superflu d'ajouter que ceux des mi-
« nistres du Roi sont les mêmes (1). »

La ville de Grenoble voulut aussi laisser au
général Donnadieu un témoignage de la grandeur du service qu'il avait rendu, de la sagesse
et de la fermeté de sa conduite, et de la reconnaissance des habitans. Le conseil-général du
département de l'Isère décerna au vicomte
Donnadieu une épée d'honneur, dans la séance
du 4 juin 1816 (2). Enfin, le 9 juin, *un mois*

---

(1) Un écrivain non moins distingué par la justesse et
l'étendue de son esprit que par l'autorité de ses doctrines
politiques, M. Fiévée, a dit : « La tentative sur Gre-
« noble fut un essai ; elle fut repoussée avec une vigueur
« qui déconcerta les factieux, et qui placera le général
« Donnadieu au premier rang des serviteurs de la monar-
« chie, tant que l'idée d'un grand service et d'un grand
« caractère sera sacrée en France » (*Correspondance
administrative,* XIe partie.)

(2) Voir Pièces justificatives, n° XIV.

après l'évènement, le général fut promu à la dignité de commandeur de l'ordre royal et militaire de Saint-Louis.

Dévoué à son Roi, attaché à ses Princes, ami de ses concitoyens, passionné pour le bien de son pays; fidèle, ferme, juste et conciliant dans les actes de son commandement, le général Donnadieu venait de sauver Grenoble. Il continua à user de son autorité selon les mêmes principes, instruisit exactement le ministère des évènemens qui parvenaient à sa connaissance, et redoubla, dans toutes les occasions, d'efforts et de vigilance pour assurer la tranquillité des provinces de son commandement. Plusieurs faits pourraient justifier cet éloge; et c'est jusque dans les moindres détails de son administration qu'il faut enfin faire reconnaître les principes de justice et de loyauté qui dirigèrent constamment ce général tant calomnié.

Un officier, M. Vinzelles, en exprimant son attachement à la famille royale, avait eu l'indiscrétion de tenir des propos inconsidérés devant quelques officiers en non activité. Le général en rendit compte au ministre, et lui annonça qu'il se proposait d'ordonner à M. Vinzelles les arrêts de rigueur pendant un mois.

« Autant, dit-il à Son Excellence, par lettre
« du 28 mai 1817, autant je me suis fait un
« devoir d'éclairer Votre Excellence, ainsi que
« le ministère, sur la disposition de l'esprit qui
« règne dans cette province, autant j'ai tou-
« jours cru qu'elle avait besoin d'une constante
« et sévère surveillance, autant je me suis
« convaincu que ce n'était qu'avec une extrême
« sagesse et de la fermeté que ce pays devrait
« être conduit, pour en imposer aux uns, et
« tâcher de ramener les autres, soit par l'a-
« mour qu'ils doivent au meilleur des Princes,
« soit par leur propre intérêt. Par conséquent,
« s'il est utile au service du Roi que tous les
« fonctionnaires employés dans cette province,
« et principalement les officiers et les troupes,
« soient mus par les principes les plus sûrs et
« le dévoûment le plus profond, *il ne l'est pas*
« *moins que ces sentimens soient contenus*
« *dans les justes bornes de la modération,*
« *pour arriver à la plus grande somme de*
« *bien.*

« Voilà, monseigneur, ce qui a constamment
« fait la règle de ma conduite depuis que je
« suis dans cette division, et m'a fait, dans
« toutes les circonstances, *en exhortant à l'at-*
« *tachement qu'on doit au Roi et à sa fa-*

3

« mille, *arrêter toutes les vives exaltations,*
« qui feraient de ce pays une scène continuelle
« de désordres. C'est en s'écartant de cette con-
« duite, que M. de Vinzelles s'est rendu es-
« sentiellement coupable à mes yeux, lorsque,
« plus particulièrement qu'aucun autre, dans
« la place qu'il occupe, il doit donner l'exemple
« de la sagesse et de la tenue. »

Le ministre ne put que rendre hommage aux
sentimens et à la conduite du général (1).

Et cependant, le général Donnadieu fut rap-
pelé à Paris par la lettre suivante :

Paris, 10 mars 1818.

« Monsieur le vicomte, *l'intention du Roi*
« *est que vous vous rendiez sur le champ à*
« *Paris, où vous recevrez de nouveaux or-*
« *dres de Sa Majesté,* etc.

« *Signé* GOUVION SAINT-CYR. »

J'ai cru devoir présenter ainsi le tableau de
tout ce qui s'est passé dans la 7ᵉ division militaire, tant que le général Donnadieu en a conservé le commandement. J'ai puisé dans des
documens authentiques la preuve des faits, le

---

(1) Voir Pièces justificatives , nᵒ XV.

témoignage des bons sentimens de ce loyal serviteur du Roi. J'ai cité sa correspondance faite
en un temps où certes il ne se doutait guère
qu'elle serait publiée un jour, parce qu'il aurait
à se défendre devant les tribunaux. Maintenant,
sans doute, on se demandera comment il s'est
pu faire que les évènemens aient été aussi
étrangement dénaturés? Comment la fidélité
a-t-elle été travestie en trahison, l'honneur en
perfidie, la loyauté en imposture? Comment
des coupables, trop justement punis, ont-ils
été portés à ce degré d'audace, de vouloir tra-
duire devant les tribunaux celui qui avait réprimé leur rébellion, et d'accuser d'*assassinat*
celui qui avait combattu leurs bandes insurgées?
Pourquoi, par leurs discours, leurs écrits,
leurs persécutions, les premiers fonctionnaires
de l'Etat, après avoir connu la gravité des
faits, après avoir approuvé la conduite du gé-
général, ont-ils paru consacrer l'œuvre de la
calomnie? C'est ici qu'il faut soulever le voile
qui couvre encore les iniquités d'un long et
funeste ministère.

DEUXIÈME PARTIE.

—

En 1817, M. Decazes était entraîné, de jour en jour, dans toutes les conséquences du système sur lequel sa puissance était fondée. Déjà l'irréparable ordonnance du 5 septembre avait présenté à la France les membres de la majorité de 1815, comme les plus dangereux ennemis du Prince et des sujets. Déjà les circulaires de ce ministre et les lettres des préfets traitaient les royalistes d'*amis insensés* de la monarchie. Le nom sacré du Roi était mis en avant; LE Roi, disait-on, *verra avec mécontentement siéger dans la nouvelle Chambre ceux des députés qui se sont signalés dans la dernière session par leur attachement à la majorité,* etc.

Il fallait déguiser l'existence et le caractère menaçant des complots révolutionnaires; dénaturer les évènemens qui pouvaient faire sentir au Roi la nécessité de s'environner de ses dé-

voués serviteurs ; éloigner ceux qui, par le souvenir des services rendus , par l'éclat de leurs
noms, par la supériorité de leurs talens, pouvaient vaincre l'influence de l'homme nouveau ;
calomnier ces royalistes fidèles, et soulever
contre eux la haine, le mépris, les accusations
de tout genre ; raviver les passions populaires ;
invoquer à son aide et la révolution et le buo-
napartisme ; pour triompher enfin de toutes les
résistances, jeter jusque sur les marches du trône
la dissension et les soupçons impies ; c'est ce
qu'exigeait le système, c'est ce qu'a fait M. Decazes jusqu'au jour où le sang de nos Rois a
coulé.

Le 15 janvier 1817, les députés demandèrent compte au ministre de l'exécution des
lois d'exception qu'il avait sollicitées et qui lui
avaient été accordées en 1815. Ils voulaient
une explication sur la conjuration du 21 janvier
dans Lyon, et la révolte du 4 mai à Grenoble.
M. Decazes monta à la tribune, et dit :

« On a parlé de Grenoble et de Lyon ; on a
« dit que la loi avait été inutile, parce que, sur
« un seul point du royaume, on n'avait pas
« prévenu un mouvement séditieux ; l'excep-
« tion ici confirme la règle. Quand il serait
« vrai que l'administration aurait été impré-

« voyante sur un seul point, il ne serait pas
« moins vrai de dire qu'elle aurait encore *bien*
« *mérité de la patrie*, par son succès *sur tous*
« *les autres points du royaume* (1); mais com-
« ment a-t-on pu accuser le gouvernement
« d'imprévoyance sur les évènemens de Gre-
« noble ? Il est au-dessus de pareilles attaques ;
« je puis ici facilement rétracer les faits.

« L'affaire de Grenoble n'a pas été imprévue ;
« sans la prévoyance du ministre, le mal eût
« été beaucoup plus grave. L'état de Grenoble
« était connu depuis trois semaines (2); des
« forces imposantes (3) avaient été, sur notre
« demande, envoyées dans cette ville, et, sans
« cette précaution, *on ne peut dire quel eût*
« *été le sort de Grenoble.* »

« MM. les députés de l'Isère savent que la

---

(1) Étrange logique ! la grande conspiration qui a éclaté
dans Grenoble, prouve que d'autres conspirations ont été
prévenues *sur tous les autres points du royaume !*

(2) Depuis quinze jours l'ordre était donné à toutes les
troupes de la division de se trouver sur la frontière au passage de S. A. R. Mme la duchesse de Berry. A quoi servait donc la prévoyance du ministre ?

(3) En effet, un bataillon de l'Hérault est arrivé dans
l'Isère, mais seulement *pour réprimer les rébellions à*
la gendarmerie. (Lettre du 1er mars.)

« veille de l'attaque, sept personnes avaient
« été arrêtées dans la ville ; c'est ce qui a em-
« pêché que le complot n'éclatât dans les murs
« à la fois et hors des murs (1) ; c'est ce qui a
« permis à l'autorité, prévenue, d'envoyer des
« troupes au-devant des rebelles. Quelle a été,
« d'ailleurs, cette attaque ? Quel est donc ce
« besoin de grossir ainsi les dangers, et de
« faire croire à des maux qui n'ont pas été aussi
« graves qu'on l'a prétendu ? Trois cents pay-
« sans égarés, dont un tiers ignorait le motif
« pour lequel on leur avait fait prendre les
« armes, *et croyait (le fait a été positivement*
« *reconnu) venir assister à des fêtes et à*
« *des réjouissances* (2), ont été les auteurs
« de ce mouvement séditieux. Les malheureux
« étaient entraînés par un chef que la po-
« lice poursuivait depuis trois mois (3), et

---

(1) Sans doute l'arrestation du lieutenant Aribert, par
le général Donnadieu, à neuf heures du soir.

(2) Le ministre oublie qu'il vient de dire : *On ne peut
dire quel eût été le sort de Grenoble.* Le ministre oublie sa circulaire aux quinze préfets. Le ministre oublie les
ordres sévères qu'il a donnés par le télégraphe, et que nous
examinerons plus tard.

(3) Didier s'était montré, avant l'événement, dans le
département de l'Isère. Il avait logé aux portes de Gre-

« qui n'a été arrêté que par ses soins (1). »

Le général Donnadieu adressa un Mémoire au Roi, pour réfuter les allégations de M. Decazes. Ce Mémoire fut imprimé à Grenoble; le général reçut alors la lettre suivante :

« Monsieur le vicomte,

« Le Roi m'ordonne de vous faire connaître « son mécontentement sur ce que vous vous « êtes permis de publier un Mémoire qui at- « taque M. le ministre de la police générale. « Sa Majesté a vu avec un extrême déplaisir « que vous vous soyez porté à cette démarche « inconsidérée.... »

La lutte était engagée entre M. Decazes et le vicomte Donnadieu.

---

noble, dans la brasserie du nommé *Mirandon*. (Voir la pétition, page 26.) Il était demeuré plusieurs jours chez l'aubergiste Robelin. (Voir la déclaration de ce dernier.) Comment la police, qui *le poursuivait depuis trois mois*, ne l'a-t-elle pas arrêté, puisqu'il était aux portes de la ville?

(1) Didier fut arrêté dans le duché de Savoie, non par la police, mais par des carabiniers royaux, sur les indications d'un sieur Sert, qui, sur la promesse de la grâce d'un de ses camarades, s'était engagé, envers le général et le préfet, à livrer Didier.

Cependant la journée du 8 juin révéla de nouveaux complots; une seconde insurrection éclata dans la ville de Lyon; et il parut à tous que, *sur un autre point encore*, le ministère de la police n'avait pas *bien mérité de la patrie*. Cette fois c'était trop peu de dire qu'on se faisait *un besoin de grossir les dangers*. Le général commandant à Lyon, le préfet, le maire, le prévôt de cette ville, les maires des campagnes s'étaient fait connaître par un grand dévoûment à la monarchie; on les accusa d'avoir été les provocateurs de la révolte du 8 juin. Toutes ces autorités furent destituées.

Chose étrange! la haine personnelle voulut que le général Donnadieu fût déclaré complice du grand crime qui leur était imputé. Il fallut chercher des délateurs.

La conduite de ce général semblait devoir le mettre à l'abri de ce dernier effort de la calomnie. Par sa correspondance, il avait donné avis au ministère de tous les renseignemens qui lui parvenaient sur la disposition des esprits (1).

_____

(1) Voir Pièces justificatives, n⁰ˢ XVI et XVII.

Le 25 mai, il annonçait encore au ministre de la guerre que des malveillans avaient cherché à soulever les habitans de la Tour-du-Pin, et que la Cour royale, vu l'importance des faits, avait envoyé sur les lieux une commission pour en informer. « M. Dubois, dit-il à Son « Excellence, celui des présidens de la Cour « royale qui a été délégué pour cette informa-« tion, vient de me faire connaître à l'instant « qu'il croyait que le besoin et la misère n'é-« taient que le prétexte des manœuvres qui « avaient été pratiquées, et que *le véritable* « *but était d'opérer une réunion assez consi-* « *dérable dans un rayon d'une vingtaine de* « *lieues de circuit, sur tous les points qui* « *avoisinent le plus les bords du Rhône et* « *Lyon,* pour agir ensuite sous la conduite « d'un général et d'un colonel. L'un des pré-« venus de cette sédition, sur les douze qui « ont été amenés à Grenoble, a fait cette dé-« claration. M. le président Dubois pense que « *le foyer de toute cette petite trame est* « *dans Lyon : ce sont des individus de cette* « *ville qui viennent parcourir les campagnes* « *pour inquiéter et pousser les habitans à* « *des mouvemens insurrectionnéls.* En cas

« d'évènement, j'ai fait établir un détachement
« de cavalerie à Bourgoin, pour seconder, au
« besoin, les autorités de ce département.

« Je suis, etc.

« *Signé* le vicomte DONNADIEU. »

Voilà de quelle étrange manière le général
s'associe au prétendu projet des autorités de la
ville de Lyon, de provoquer et de laisser éclater la sédition dans les campagnes de cette
ville! Le ministre répondit au général Donnadieu :

Paris, 3 juin 1817.

« Monsieur le vicomte,

« J'ai reçu les lettres que vous m'avez fait
« l'honneur de m'écrire les 24 et 25 mai.

« A la première, était jointe celle qui vous a
« été adressée par M. le comte d'Andzeno,
« commandant militaire du duché de Sa-
« voie, etc.

« La seconde contient des renseignemens
« sur les tentatives faites pour soulever une
« partie de l'arrondissement de la Tour-du-
« Pin, et des conjectures sur la liaison de ces
« manœuvres avec celles des malveillans de
« Lyon, et la rentrée de l'ex-chef de bataillon
« Biolet, un des chefs de la conspiration de

« l'Isère. *J'ai fait part de vos réflexions au*
« *ministre de la police générale.*

« J'ai l'honneur d'être, etc.

« *Signé* le maréchal duc DE FELTRE. »

M. le ministre de la police ne pouvait donc
pas ignorer que le général Donnadieu n'avait
point cessé d'éclairer l'autorité sur les machinations des révolutionnaires de Lyon. Cependant, un officier nommé *Bonafoux*, avait
donné à l'avance, au général Donnadieu, plusieurs renseignemens, dont la journée du
8 juin constatait trop bien l'exactitude. Le général jugea qu'il pouvait être utile au bien public
d'envoyer cet homme auprès du lieutenant-général Canuel. Il le lui adressa, le 17 juin 1817,
ET LE MINISTRE DE LA GUERRE EUT CONNAISSANCE
DE CETTE MISSION (1).

C'est de ce même Bonafoux, qu'au mois
d'octobre suivant, quand M. le maréchal duc
de Raguse fut à Grenoble et à Lyon comme
commissaire extraordinaire du Roi, on voulut
obtenir des déclarations, *principalement sur
le fait de l'instigation des généraux Canuel*

_____

(1) Voir Pièces justificatives, n°. XVIII.

et *Donnadieu, pour porter les mécontens à se soulever contre le gouvernement* (1).

M. le duc de Raguse fit passer ces déclarations à M. Decazes, en lui disant : *Ainsi, nous allons avoir une masse de dépositions qui convaincra les plus incrédules de l'atroce conduite du général Canuel. Il est bien démontré à présent qu'il est seul auteur des troubles de Lyon* (2).

Toutes ces pièces ont été rendues publiques dans l'affaire où les sieurs Sainneville et Fabvier ont été déclarés (par arrêt de la Cour) coupables de calomnie envers le général Canuel.

Ce sieur Bonafoux, que, dans un rapport du 1er novembre 1817, M. le maréchal qualifiait, sans aucune raison, *secrétaire du général Donnadieu,* se trouvait à Paris dans ces derniers temps. On le conduisit chez M. le comte Anglès; là, Bonafoux répondant aux interpellations de M. le préfet de police, déclara, en présence de témoins :

« Qu'il était à Grenoble depuis un certain « temps, et en non activité, lorsque le . . . . « à huit ou neuf heures du soir, il fut mandé

_____

(1) Déclaration de Bonafoux, du 23 octobre 1817.

(2) Lettre du duc de Raguse, du 26 octobre 1817.

« à la Préfecture; que M. Choppin d'Arnou-
« ville lui fit une série de questions, en vue
« de lui faire dire qu'il était l'agent du gé-
« néral Donnadieu, qu'il avait été envoyé
« par lui au général Canuel, à Lyon; que
« le général Donnadieu lui avait donné de
« l'argent, etc.

« Il ajouta qu'*il avait signé* le même jour,
« et à la Préfecture, *une pièce qu'il n'avait*
« *pas lue, et dont il ignorait le contenu;* que
« M. le préfet lui annonça qu'il devait aller à
« Lyon auprès de M. le maréchal duc de Ra-
« guse, qui le ferait employer; que, lorsqu'il
« témoigna le désir d'aller dans son logement
« pour y prendre ses effets, M. le préfet les
« envoya chercher, et qu'il monta incontinent
« en voiture devant l'hôtel de la Préfecture,
« en présence du préfet; que, sur ce qu'il
« avait dit ne pas avoir d'argent, on lui donna
« 100 francs pour son voyage, mais que ce-
« pendant il ne paya pas la voiture qui le
« conduisit; que, le lendemain, il arriva à sa
« destination à huit ou neuf heures du matin,
« et descendit dans la cour de l'Archevêché,
« où il fut reçu par M. le colonel Fabvier, et
« conduit par lui à M. le maréchal, qui lui
« fit les mêmes questions; que M. le maréchal

« promit de le faire employer (1). . . . . »

C'est ainsi qu'ont été obtenues ces dépositions qui devaient *convaincre les plus incrédules de l'atroce conduite* des généraux Canuel et Donnadieu ! C'est ainsi qu'on s'était promis de faire du général Donnadieu le provoca-
teur d'une rébellion qu'il s'est efforcé de prévenir par ses sages et nombreux avis !

Mais je n'ai invoqué jusqu'ici que la déclaration verbale de Bonafoux devant M. le comte
Anglès (2); il est temps de révéler, par pièces

---

(1) Ou M. Choppin-d'Arnouville oublie qu'il a reçu les
déclarations de Bonafoux, ou il en fait bien peu de cas,
car il a dit, page 6 d'un pamphet qu'il vient de publier :
« *Quelles qu'aient été mes recherches, il m'a été*
« *impossible d'obtenir des notions bien exactes sur les*
« *affaires de Grenoble, du 4 mai* 1816. »
Cependant la déclaration de Bonafoux a été imprimée avec
la mention que voici :
« *Certifié conforme à l'original envoyé à Son Excellence le ministre de la police générale.*

« Le maître des requêtes, préfet de l'Isère,

« *Signé* Choppin-d'Arnouville. »

A Grenoble, le 24 octobre 1817.

(2) On verra aux débats si cette déclaration mérite qu'on
y ajoute foi ; il en sera fait preuve.

irrécusables, les honteuses manœuvres auxquelles on a eu recours pour calomnier deux serviteurs dévoués de Sa Majesté; comme si on eût voulu venger les révolutionnaires du double échec que ces généraux fidèles leur avaient fait éprouver dans Grenoble et dans Lyon.

Quand la commission de la Chambre des pairs était assemblée pour l'instruction du procès de Louvel, un sieur Vincent fut appelé devant elle pour donner quelques renseignemens; M. Bastard de l'Étang, en la présence de M. le premier président Séguier et de M. le procureur-général Bellart, reconnut, dans la personne de ce témoin, un agent qu'à la fin de 1817 M. Decazes avait envoyé à Lyon pour y recueillir des déclarations contre les anciennes autorités de cette ville.

Le sieur Vincent, en effet, a rempli cette mission dans le département du Rhône. Il y rencontra un sous-officier nommé *Châtelain*, qui, instruit de quelques-unes des manœuvres qui se pratiquaient avant le 8 juin, en avait fait confidence à ses chefs. Deux fois, deux fois seulement, Châtelain avait vu le général Canuel.

Le sieur Vincent s'était mis en relation avec

Châtelain. Au mois de juillet 1818, le général
Canuel se décida à porter plainte en calomnie
contre les sieurs Sainneville et Fabvier. Châtelain était à Paris; et le 17 juillet, le sieur
Vincent, l'agent direct de M. le comte Decazes, adresse à Châtelain la lettre suivante:

Paris, 17 juillet 1818.

« Victoire ! mon cher M. Châtelain; j'espère
« d'autant mieux réussir pour votre *demande*
« *de passer officier* dans une légi n, ou *d'ob-*
« *tenir la croix* pour vous, que *je viens d'a-*
« *voir la certitude que vous ne serez nulle-*
« *ment inquiété pour tout ce qui est relatif*
« *aux évènemens de Lyon.* Je vous avais dit
« la vérité, en vous assurant que Son Excel-
« lence était trompée à votre égard (1).

« *Vous devez m'aider,* de votre côté, en
« me donnant une relation exacte sur tout ce
« qui concerne MM. Canuel, Maringonné,
« Desutte, Labesse, etc. Le gouvernement
« désire connaître la vérité, et c'est à vous à
« qui la gloire d'une aussi belle action est
« réservée.

(1) Il paraît qu'on avait commencé par effrayer ce jeune
sous-officier, avant de lui parler de l'épaulette et de la croix
d'honneur.

4

« J'ai défendu votre innocence, et su prou-
« ver *que vous n'aviez agi que d'après des
« ordres supérieurs* (1). J'ai fait valoir les
« sommes qui vous sont encore dues, et je me
« suis engagé d'en fournir la note, pour qu'elles
« vous soient remboursées par le gouverne-
« ment (2). Vous voyez que j'ai besoin, *pour
« vos intérêts,* de détails très-étendus. *Ne
« signez rien si vous le voulez,* puisque ces
« détails ne doivent pas me quitter (3). Il me
« suffit de prouver que *le mal ne vient pas de
« vous, comme on le prétend* (4), puisque
« vous avez éludé les ordres, lorsqu'ils étaient
« trop rigoureux, et que c'est à vous que deux
« pères de famille vous doivent la vie. *N'écri-
« vez rien à personne qu'à moi ; tenez-vous
« en garde contre tout le monde, et reposez-*

---

(1) Bonne indication !

(2) Promesse d'argent.

(3) Lors du procès, MM. Sainneville et Fabvier avaient
en main des copies certifiées des déclarations de Châtelain.
Il les ont fait imprimer.

(4) Non certes, le mal ne venait pas de ce sous-officier,
qui avait fait son devoir en avertissant ses chefs. *Comme
on le prétend !* on lui laisse des inquiétudes pour lui-
même.

« *vous sur votre ami et tout dévoué*, etc.

« *Signé* V....,

« Quai de la Mégisserie, n° 18. »

« *P. S.* C'est mon commis qui vous remettra
« la présente; si vous ne pouvez pas lui donner
« tous les détails, envoyez-moi du moins ce
« qui sera présent à votre mémoire; *le reste,*
« *vous le classerez à loisir*, pour me l'expédier
« par la poste, ou lorsque vous viendrez dîner
« chez moi. Adieu. »

Le lendemain 18 juillet, Châtelain écrivit
une longue déclaration, dont l'original, écrit
en entier de sa main, fait partie de nos pièces;
il y mêle, au récit des faits, ses réflexions et
ses opinions. Mais ce travail, ainsi fait, ne
convint pas à ceux qui l'avaient tant sollicité.
La déclaration fut refaite, pleine désormais
d'attaques plus violentes et plus précises contre
le général Canuel. Nous imprimons sur deux
colonnes cette déclaration de Châtelain, d'une
part, telle qu'il la fit, d'autre part, telle qu'elle
a été rendue publique(1). Le lecteur sera frappé

_____

(1) Ce rapprochement mérite la plus grande attention.
Nous osons dire qu'il révoltera le lecteur. (Voir Pièces justifi-

des différences, et verra que toutes ont été dic-
tées par la haine et la calomnie, que c'est surtout dans ces variantes que se trouvent les accusations directes contre le général Canuel.
Mais c'est peu ! on voulait perdre deux généraux qui avaient rempli leurs devoirs ; on voulait tromper le Roi lui-même sur le compte de
ses serviteurs ; on voulait les flétrir aux yeux
de leurs concitoyens, dût la rébellion se relever plus orgueilleuse et plus menaçante.

Le procès des sieurs Sainneville et Fabvier
était pendant au tribunal de police correction-
nelle. Les déclarations de Châtelain se multi-
plièrent. Il en donna le 26 juillet 1818, le 12
septembre, le 24 septembre, le 5 novembre,
le 9 novembre (1). Il fut fréquemment appelé
auprès de M. le maréchal duc de Raguse, remplissant alors les fonctions de major-général
de la garde royale. Les débats devaient s'ou-
vrir le 28 novembre. Châtelain fut invité, le

---

catives, n° XIX.) On ne doit point oublier que les Pièces
produites par les défenseurs de MM. Sainneville et Fabvier,
leur étaient remises par le ministère.

(1) Toutes les déclarations dont il est ici parlé, sont
imprimées dans l'ouvrage intitulé : *Procès en calomnie*, etc.,
chez Lhuillier, 1819.

25 du même mois, à se rendre chez le maréchal Marmont, par le billet suivant :

GARDE ROYALE. — *État-major-général.*

« Le nommé Châtelain, fourrier au 5ᵉ régiment de la garde royale, viendra demain
« jeudi, à cinq heures précises du soir, chez
« le maréchal duc de Raguse, major-général
« de service, *pour affaires particulières.*

« L'aide de camp de service,

« *Signé* SAINT-LÉGER. »

Paris, le 25 novembre 1818.

Cependant, quelques officiers du 5ᵉ régiment de la garde ayant été instruits des manœuvres pratiquées auprès de Châtelain, et du résultat de sa condescendance, l'engagèrent à se rétracter et à révéler la vérité. On en fut averti, et on jugea nécessaire de l'éloigner de son corps. L'exemption de service qui suit lui fut remise.

GARDE ROYALE.—5ᵉ *régiment d'infanterie.*

A Paris, le 7 décembre 1818.

« *Conformément aux intentions de M. le*

« major-général de service ,. il est permis au
« sieur Châtelain, fourrier de grenadiers, de
« s'absenter du régiment, jusqu'au 10 inclus
« du présent mois de décembre.

« Pour le colonel et par son ordre :

« *Signé* le comte MONTLIVAULT,
« Lieutenant-colonel. »

Châtelain fut loger rue Saint-Eustache, dans
un hôtel garni, l'hôtel de Carignan, tenu par
un sieur Riche, à qui il fut présenté par ce
même sieur Vincent, agent reconnu de M. Decazes. Châtelain prenait ses repas chez ce sieur
Vincent, quai de la Mégisserie, n° 18.

Au 10 décembre le procès se continuait ;
une nouvelle dispense de service lui fut accordée. La voici :

1re DIVISION D'INFANTERIE — 2e *brigade.*

GARDE ROYALE. 3e *régiment d'infanterie.*

« *Conformément aux instructions de Son*
« *Excellence monseigneur le major-général*
« *de service*, le sieur Châtelain (René), four-
« rier de la 3e compagnie des grenadiers , est
« autorisé à vaquer en ville *à ses affaires par-*

« *ticulières*, et sera *exempt des appels et de*
« *tout service*, jusqu'au 25 décembre inclusi-
« vement; à la charge par lui de faire viser la
« présente permission à l'état-major-général
« de la garde royale.

« Le colonel du régiment,

« *Signé* L. B. DE COURSON. »

Paris, le 10 décembre 1818.

Vu à l'état-major-général de la garde royale,

Le lieutenant-colonel de service,

Signé DE PERCEVAL.

Paris, le 10 décembre 1818.

Cependant, à l'audience du 19 décembre,
Me Couture, développant son beau talent et
son généreux caractère, combattit, au nom
du général Canuel, les allégations calomnieuses
des sieurs Sainneville et Fabvier, et réfuta
leurs prétendues pièces justificatives. S'il con-
naissait dès-lors les honteuses intrigues qui
étaient employées pour perdre son client, la
preuve de ces bassesses n'était point entre ses
mains. Cependant il lut à l'audience la lettre
suivante, qui avait été adressée au général Canuel par un officier du 5e régiment.

« Mon général,

« J'ai revu MM. les officiers du 5ᵉ régiment;
« ils m'ont dit que le nommé *Châtelain*,
« ayant découché, avait été mis à la salle de
« police par ordre de son capitaine; que le
« colonel avait ensuite prévenu ce dernier que
« M. le maréchal Marmont venait de lui écrire
« de faire sortir Châtelain de la salle de po-
« lice, attendu que c'était lui qui était cause
« qu'il avait découché, et de le dispenser de
« tout service et tout appel pendant quelque
« temps, parce qu'on avait besoin de lui pour
« l'affaire de Lyon, qui se plaidait. Ces mes-
« sieurs m'ont ajouté que Châtelain était sorti
« de la salle de police, et que, depuis six
« jours, on ne l'avait pas revu au quartier. »

Cette lettre fut un avertissement pour les
chefs ennemis, que leurs trames n'étaient pas
enveloppées d'une ombre impénétrable. Toutefois les plaidoieries étant continuées à l'audience du 26 décembre, le 23, on fit faire à
Châtelain une dernière déclaration (1) pour
réfuter l'éloquent plaidoyer de Mᵉ Couture.
J'ai entre les mains l'original de cette décla-

_____

(1) Elle est imprimée dans le Recueil ci-dessus indiqué.

ration du 23 décembre ; il est de la main du sous-officier Châtelain, mais *entièrement corrigé et retouché* par un agent de M. De-cazes (1).

Comme d'un autre côté les défenseurs et les amis du général Canuel cherchaient Châtelain de toutes parts pour lui faire déclarer la vérité sur toute cette machination, on lui délivra, le 24 décembre, une nouvelle permission de s'absenter du régiment. Mais cette fois, averti qu'on était par la lettre lue à l'audience du 19 décembre, on donna un autre motif à la permission. La voici : (Je crois ne devoir faire aucune réflexion sur ces pièces, que chacun peut juger et apprécier.)

DIVISION D'INFANTERIE.

GARDE ROYALE. — *5ᵉ régiment d'infanterie.*

Paris, le 24 décembre 1818.

« Le sieur Châtelain, fourrier de grena-
« diers, ayant droit, au 1ᵉʳ janvier 1819, à

_____

(1) Je n'ai point fait imprimer cette Pièce, parce qu'il eût été difficile d'indiquer au lecteur les mots et les phrases raturés, modifiés, substitués. Elle sera remise aux membres de la Cour.

« être congédié pour ancienneté de service,
« d'après la loi du 10 mars, et le congé absolu
« de ce militaire ayant été demandé à Son Ex-
« cellence le ministre de la guerre, il est auto-
« risé, dès à présent, *conformément aux*
« *intentions de M. le major-général de ser-*
« *vice*, à vaquer en ville à *ses affaires parti-*
« *culières*, à la charge par lui de faire viser
« la présente permission à l'état-major-général
« de la garde royale, d'indiquer son adresse,
« et de se présenter à sa compagnie toutes les
« fois qu'il en recevra l'ordre. Il sera, du reste,
« exempt de tout service et de tous appels,
« jusqu'à ce qu'il ait été définitivement con-
« gédié.

« Le colonel du 5e régiment d'infanterie
de la garde royale,

« *Signé* L.-B. DE COURSON. »

Vu à l'état-major-général de la garde royale,

Signé comte DE COËTLOSQUET.

Paris, le 24 décembre 1818.

Enfin, à l'audience du 26 décembre, les défenseurs des sieurs Sainneville et Fabvier se
présentèrent munis de la déclaration obtenue
de Châtelain, le 23 du même mois.

Rien ne se peut imaginer de plus scandaleux
que la production de pareilles pièces; telle
était l'animosité du ministre, que les cartons
de ses bureaux étaient ouverts aux sieurs Sainneville et Fabvier. Les rapports secrets, la correspondance des fonctionnaires publics étaient
produits à l'audience; aussi disais - je, le
30 décembre, dans une réplique : «Voilà, mes-
« sieurs, une production intolérable, destruc-
« tive de toute administration. Nouveau crime
« à imputer à ceux qui ont brisé ces secrets !
« Quel fonctionnaire osera désormais corres-
« pondre librement avec un ministre, lui faire
« connaître, avec la confiance qui est due
« d'homme à homme, ses craintes, ses espé-
« rances, ses soupçons, et sur les individus
« et sur les choses, s'il est permis à un mi-
« nistre (dans le besoin d'attaquer ses ennemis
« et de soutenir un parti) de mettre au grand
« jour ces confidences nécessaires, et d'aban-
« donner une pareille correspondance à toute
« la perfidie des interprétations auxquelles se
« livrent la mauvaise foi, l'ambition et la
« haine ! »

Cependant, la cause enfin fut jugée. Châtelain eut son congé dans la garde royale, mais
on lui fit contracter un nouvel engagement

dans un autre corps. Là, il attendit vainement l'effet des promesses qui lui avaient été faites, qui avaient été tant de fois renouvelées ; il multiplia inutilement ses réclamations ; et c'est à ce sujet qu'eut lieu la correspondance suivante, dont tous les originaux sont entré mes mains, revêtus, à leur date, du timbre de la poste :

A M. Vincent, quai de la Mégisserie, n° 18, à Paris.

Dijon, le 23 avril 1819.

« Monsieur Vincent,

« Je suis arrivé à Dijon le 20 dudit, et j'ai « été incorporé en qualité de sergent, aujour- « d'hui. Son Excellence le ministre de la guerre « m'y avait annoncé par une lettre du 1er avril, « *en prescrivant à M. le colonel de me faire* « *contracter un engagement de quatre ans,* « avant de m'incorporer dans sa légion. J'avais « beaucoup de peine à m'y décider ; mais comp- « tant sur *la parole de monseigneur,* et pré- « sumant qu'il aurait pitié d'un pauvre mal- « heureux *qui a tout perdu pour lui,* j'ai donc « signé un engagement de quatre ans ; mais il « est bien pénible pour moi d'être obligé de

« recommencer ma carrière par des grades que
« j'occupais il y a dix ans. Je n'ai point écrit à
« M. S******** (1), vu que j'ai présumé que
« ma lettre ne lui parviendrait pas avant son
« départ.

« Veuillez avoir la bonté de me rappeler
« au souvenir de *tous ces messieurs*, et leur
« assurer que je serai toute ma vie le même à
« leur égard; mais aussi que *je compte sur*
« *eux*, et que j'espère qu'ils ne m'abandon-
« neront point au désespoir, en me laissant
« dans une position aussi misérable, comme
« je me trouve maintenant réduit, *pour leur*
« *avoir été utile et m'être fié dans leurs vaines*
« *promesses.*

« Ajoutez aux bontés que vous et Mme votre
« épouse m'avez tant prodiguées, en m'hono-
« rant d'une réponse, et marquez-moi ce que
« vous auront dit *ces messieurs* à mon égard,
« car ils doivent êtré à Paris en ce moment.

« Je finis en vous renouvelant que, tant que
« je vivrai, je n'oublierai jamais les soins que
« vous et Mme votre épouse avez eus pour moi.

----

(1) On reconnaît aisément qui cette initiale désigne.

« J'embrasse de tout mon cœur M. Polinisse,
« et suis pour toute ma vie,

« Votre très-humble serviteur,

« *Signé* CHATELAIN,

« Sergent, légion de la Côte-d'Or, à Dijon. »

Au même.

Dijon, le 7 mai 1819.

« Monsieur Vincent,

« J'ai eu l'honneur de vous écrire à mon
« arrivée à Dijon. N'ayant point reçu de ré-
« ponse, et craignant que ma lettre ne vous
« soit point parvenue, je prends la liberté de
« vous récrire, en vous faisant part du dé-
« part de la légion dont je fais partie, le 10
« dudit, pour Metz. Nous devons être rem-
« placés à Dijon par la légion d'Indre-et-
« Loire........ Pour moi, *je suis en attendant*
« *ce que l'on m'a promis;* voilà le moment,
« où jamais. Il manque dans le régiment
« plusieurs officiers, dont un qui vient d'être
« destitué au 1er bataillon, à Metz, dont j'i-
« gnore la cause de sa destitution. *Je me re-*
« *pose sur les promesses de monseigneur,*
« *tant de fois réitérées,* et présume qu'il ne
« m'abandonnera pas.

« Veuillez, je vous supplie, me rappeler
« au souvenir de tous ces messieurs, et priez
« M. le colonel F******, que je me repose
« aussi sur lui, d'après *les promesses qu'il*
« *vous avait faites à mon égard,* ainsi que
« M. S**********.

« Daignez, je vous prie, me conserver l'a-
« mitié que vous et madame m'avez tant de
« fois prodiguée. J'embrasse de tout mon cœur
« M. Polinisse, et lui souhaite beaucoup de
« réussite dans son entreprise.

« Je suis, en attendant votre réponse,

« Votre très-humble et très-obéissant serviteur,

« *Signé* CHATELAIN. »

(Légion de la Côte-d'Or, en garnison à Metz.)

Au même.

Metz, 22 septembre 1819.

« Monsieur,

« J'ai reçu avec la plus grande satisfaction
« la lettre que vous m'avez fait l'honneur de
« m'écrire, et vois avec plaisir que vous avez
« toujours pour moi les mêmes bontés.

« *Vous me demandez si ces messieurs ont*
« *tenu leurs promesses.* Hélas! monsieur, vous
« êtes le seul qui daignez prendre pitié d'un
« malheureux qui a *tout perdu pour eux,*

« et dont ils ne daignent seulement pas s'in-
« téresser maintenant de la moindre des choses,
« après *toutes leurs fausses promesses cent*
« *fois réitérées, leur parole d'honneur, et*
« *même leurs écrits, que vous m'avez fait*
« *l'honneur de me montrer plusieurs fois,*
« *d'après leurs ordres, pour m'inspirer plus*
« *de confiance,* lorsque je me plaignais de
« l'abandon là où ils me laissaient. Mais qu'ils
« ne se mettent pas dans l'idée que je les lais-
« serai tranquilles ; j'ai encore des pièces suf-
« fisantes pour me faire rendre, devant les
« tribunaux, *celles que ma trop grande con-*
« *fiance leur a laissées entre les mains, et*
« *que je n'avais données que pour Son Ex-*
« *cellence seule,* dont le reçu que j'ai fait
« foi. Ils peuvent être sûrs que *j'aurais déjà*
« *mis tous mes pouvoirs en usage, si je ne*
« *craignais pas de vous compromettre vous-*
« *même* (1), qui seul méritez d'être excepté(2).

_____

(1) Que révèlerait donc Châtelain, qui compromettrait
tous ces messieurs ?

(2) C'est l'agent du ministre qui seul mérite grâce !! seul
du moins il a tenu ce qu'il avait promis personnellement.
Où en sommes-nous, grand Dieu ! Sous le ministre de la
police, c'est seulement parmi ses agens subalternes que s'est
retrouvée une sorte de loyauté !

« J'ai eu l'honneur d'écrire une pétition à Son
« Excellence le m****** d** de R****, et tout
« est resté sans réponse ; *je ne lui réclamais*
« *seulement que mes pièces.*

« Il faut en finir d'une manière ou d'une
« autre. Je ne suis point méchant ; mais, pour
« cette fois, je ne leur donne seulement que
« dix à douze jours pour me les faire parvenir ;
« et je jure, sur ma tête, de dresser toutes
« mes batteries, et de faire feu et flamme pour
« me les faire rendre, quand je devrais adresser
« un placet au Roi même (1).

« Excusez, monsieur, mes justes plaintes ;
« il n'y a rien pour vous. Tant que je vivrai,
« j'aurai pour vous et madame votre épouse le
« respect et l'amitié que je dois avoir pour des
« personnes qui m'ont servi de père et mère
« dans mes malheurs.

« Je suis et serai toute ma vie,

« Votre très-humble serviteur,

« *Signé* CHATELAIN (2). »

---

(1) Eh quoi ! *des Excellences,* un commissaire extraordinaire du Roi, un ministre de Sa Majesté sont descendus
et ont fait descendre leurs agens dans des intrigues si basses,
qu'ils sont aujourd'hui traités par un sous-officier avec cette
fierté et ce ton menaçant !

(2) Copie de la lettre ci-dessus a été expédiée à S. Exc.

Au même.

Metz, le 16 octobre 1819.

« Monsieur,

   « J'ai eu l'honneur de faire réponse à votre
« dernière lettre. N'ayant pas eu de réponse,
« je prends la liberté de vous écrire, et vous
« prie en grâce de me marquer si vous avez
« *vu ces messieurs*, et d'avoir la bonté de me
« marquer *leur dernière volonté*, afin que je
« puisse prendre une décision quelconque pour
« *me faire rentrer les pièces que ma trop*
« *grande confiance leur a confiées.* Faites-
« moi aussi l'amitié de me donner leurs adres-
« ses, et de me dire si MONSEIGNEUR LE D** DE
« R**** EST DE SERVICE, ou s'il est encore à
« Paris. J'attends, mon cher monsieur, ce der-
« nier service, et suis persuadé que votre bon
« cœur aura pitié d'un malheureux délaissé par
« DES INGRATS QUI M'ONT TROMPÉ, et dont toute
« leur ingratitude envers moi vous est con-
« nue.....

---

le ministre de l'intérieur M. le comte Decazes, en raison
des menaces qu'elle contenait. Cette copie est encore dans
les cartons de la direction de la police. L'expédition en est
mentionnée sur l'original de la lettre.

« Je suis, en faisant des vœux pour la con-
« servation de votre santé, ainsi que de ma-
« dame votre épouse et de M. Polinisse, et
« vous souhaite toutes sortes de bonheur.

« Votre dévoué subordonné,

« *Signé* CHATELAIN, sergent. »

Au même.

Metz, le 11 décembre 1819.

« Monsieur,

« Pardonnez à un vieux militaire qui vous
« importune, et veuillez avoir la bonté de lui
« rendre encore un service dont il vous en
« aura une éternelle reconnaissance. J'ai ob-
« tenu une permission pour partir le 1ᵉʳ jan-
« vier (1). Je n'ai demandé cette permission
« que pour aller à Paris réclamer mes pièces,
« puisque l'on ne veut pas me les faire passer,
« *ni tenir aucune des promesses que l'on m'a*
« *tant de fois promises.*

« Depuis mon départ de Paris, je n'ai reçu

_____

(1) En effet, à cette époque, Châtelain est venu à Paris
pour entrer dans la gendarmerie. Il a, aujourd'hui, quitté
ce corps.

« *aucune nouvelle de personne.* Veuillez, je
« vous supplie, avoir la bonté de parler à *ces*
« *messieurs,* et de vouloir bien les prier de
« m'épargner UN VOYAGE QUI POURRAIT LEUR
« DEVENIR FACHEUX, AINSI QU'A MOI. Je ne leur
« demande seulement *qu'ils réalisent une*
« *seule de leurs promesses,* et qu'ils n'aban-
« donnent pas un malheureux qui est dans la
« peine *pour leur propre compte.*

« Qu'ils me fassent nommer *officier* (1).
« Dans tous les régimens, il existe des places
« vacantes par suite de la nouvelle organisa-
« tion qui vient d'avoir lieu ; ou qu'ils me fas-
« sent *une petite pension comme ils m'avaient*
« *promis. Ces messieurs connaissent les rai-*
« *sons pour lesquelles je suis mal avec ma*
« *famille* (2), et doivent savoir qne *c'est à*
« *eux à me tirer de la triste position où je*
« *me trouve réduit.*

« Il n'y a rien de nouveau à Metz qui soit

---

(1) Promesse constatée par la lettre du 17 juillet 1818,
et par les écrits que le sieur Vincent a montrés à Châtelain,
suivant la lettre du 22 septembre 1819.

(2) Châtelain a pour oncle un officier-général qui s'est distingué dans les guerres soutenues pour la maison de Bourbon,
et qui, depuis que ces odieuses intrigues ont été connues de
lui, a rompu toute relation avec son neveu.

« digne de vos remarques pour le moment.

« Je joins à cette lettre un mot pour M. M***,
« avocat, que je vous prie de lui faire passer,
« ayant perdu son adresse.

« *Ah! qu'il est malheureux de me voir*
« *réduit, à mon âge, dans un pareil état,*
« *couvert de blessures! Mendier mon pain*
« *ou me brûler la cervelle sera, je présume,*
« *la fin de ma triste carrière.* QU'IL EST PÉ-
« NIBLE D'AVOIR A PARLER AINSI DES PERSONNES
« DONT LA PAROLE DEVRAIT ÊTRE INTACTE !........

« Je suis, avec le plus profond respect,

« Votre très-humble et très-obéissant
« serviteur,

« *Signé* CHATELAIN,
« Sergent-major, légion de la Côte-d'Or, à Metz.

« Réponse, s'il vous plaît. »

Hommes de mensonge, voilà de vos œuvres!
Ce malheureux sous-officier avait bien mérité
de son pays, il avait rempli ses devoirs. Vos
dignités, votre puissance, *vos paroles, qui de-*
vaient être sacrées, vos trompeuses promesses,
vos premières menaces l'ont perdu! Il gémit sur
lui en vous maudissant. Il vous menace.

Eh quoi! votre Roi voulait connaître la vé-

rité ! vos concitoyens la demandaient ! et vous
n'avez fabriqué qu'imposture et corruption !
Que ne nous révélerait point Châtelain, s'il
voulait, s'il osait parler ! Ne savons-nous pas
tout ce qui a été fait. Nous n'ignorons point,
par exemple, qu'un homme qui voulait révéler certaines intrigues, qui voulait proclamer
la vérité, a été jeté dans un procès criminel,
pour que son témoignage fût anéanti; il est en
ce moment aux galères; IL EST INNOCENT (1) !!!

Tout le midi de la France a su qu'un homme
qui avait été à Lyon en 1817, et qui était tra-
duit devant une Cour d'assises, a déclaré, devant les juges, les jurés et le public, que *le
préfet* de son département lui avait promis de
le faire acquitter, s'il consentait à faire des
déclarations contre le général Canuel.

J'ai entre les mains une note d'un adminis-
trateur des prisons de Lyon, qui constate «que,
« quelques jours avant le départ de la chaîne
« pour le bagne de Toulon, un commissaire
« a été envoyé à Lyon, qu'il a pénétré jusque
« dans les prisons pour solliciter des déclara-
« tions contre le général Canuel. »

_____

(1) Cette horrible affaire doit être incessamment l'objet
d'un travail particulier.

Voilà comment ont été recueillies ces prétendues preuves, à l'aide desquelles le Roi a été trompé sur le compte de ses serviteurs. Voilà comment le courage, l'honneur, la fidélité ont été flétris ; comment on a créé des criminels et des complices ; comment des sujets dévoués ont été persécutés pour leurs bonnes actions. Voilà ce qui fit dire à l'immortel auteur de *la Monarchie selon la Charte :* « Chacun cherche en quoi il a bien mérité de la « légitimité, pour connaître ce qu'il a à perdre. « On descend dans son *for intérieur ;* on s'examine, on compte ses vertus passées pour deviner ses souffrances à venir. Quand on est « frappé, on « peut toujours dire : *C'est pour « tel service !* comme le proscrit romain s'écriait : C'est pour ma maison d'Albe (1). »

Est-ce donc pour une telle mission qu'un maréchal de France fut nommé commissaire extraordinaire du Roi, et armé d'un pouvoir absolu ? Est-ce donc pour de telles iniquités qu'un ministre du Roi fut dépositaire de plusieurs millions de fonds secrets ?

Le général Donnadieu espérait approcher le Roi. La vérité, l'honneur se seraient fait re-

---

(1) *Conservateur,* tome III.

connaître du fils d'Henri IV. Une audience fut refusée par les ministres (1). D'autres dégoûts, d'autres vexations attendaient le général Donnadieu.

La conspiration royaliste, dite *la conspiration du bord de l'eau*, fut inventée. On y fit figurer le général Donnadieu. Il était, disait-on, désigné, par les prétendus conjurés, pour les fonctions de gouverneur de la 1re division militaire. Celui qui avait maintenu l'autorité du Roi dans Grenoble; celui qui, aux cris de *vive le Roi!* avait fait reculer devant le drapeau blanc les ennemis du Roi; celui qui avait sauvé la France royaliste, était accusé d'un attentat contre la vie de son Roi!!! Le 2 septembre 1818, le général Donnadieu fut *interrogé comme prévenu*, et le 6 octobre il fut mis hors de prévention, *attendu* (porte l'ordonnance) *que les charges contre lui* étaient *indirectes* et *basées sur des conjectures* qui, quoique *vraisemblables*, ne pouvaient *constituer une prévention*.

Il n'est plus besoin de s'expliquer en France sur cette accusation. Tout le monde a connu cette œuvre de l'absurdité et du mensonge en

_____

(1) Voir Pièces justificatives, nos **XX**, **XXI** et **XXII**.

délire. Les magistrats en ont fait justice. Mais pour montrer qu'en toutes les occasions les ressources d'un même ministère ont été les mêmes, il faut dire que, dans cette *conspiration royaliste*, il n'existait qu'une pièce *à charge* contre les accusés. C'était une lettre adressée à un sieur Lafitte, et signée D******. Dans cette lettre, on parlait au sieur Lafitte de la conspiration, on l'invitait à *se rendre le dimanche suivant à Saint-Cyr*, où il devait *recevoir des instructions, et à se munir de sa carte* AMARANTE. C'est à l'aide de cette pièce, que, devant la France et devant son Roi, les ministres accusaient d'un régicide, des généraux demeurés fidèles aux jours de la trahison, des sujets qui avaient quitté fortune, amis, parens, patrie, pour partager l'exil et les douleurs de leur Prince ! Mais *on conçut le soupçon que ce pouvait être Lafitte lui-même qui avait fabriqué cette lettre ; un rapport d'experts constata qu'en effet elle était de sa main* (1).

Il est vrai que d'autres pièces devaient, à ce qu'il paraît, figurer dans cette odieuse procé-

---

(1) Rapport à la Chambre d'accusation de la Cour royale, par M. le procureur-général.

dure. Un agent de police devait prendre l'empreinte de la clef de l'appartement de M. le général Canuel, pour introduire chez lui des papiers qui pussent le compromettre. J'ai entre
les mains la déclaration de cet homme. Le fait
est constaté d'ailleurs dans une lettre adressée
à M. le comte Anglès, le 18 février 1820, par
M. Treverret, chef-adjoint du 1er bureau de la
2e division de la Préfecture de police. M. Treverret est beau-frère de M. Kératry, député.
« C'est moi, dit-il à M. le préfet de police,
« qui vous ai sauvé la publicité d'une infinité
« de détails relatifs à une trame ourdie par
« quelques-uns de vos agens, il y a environ un
« an, contre le lieutenant-général Canuel. *Il
« ne s'agissait de rien moins que de se pro-
« curer l'empreinte de la clef de son appar-
« tement, pour s'y introduire dans des inten-
« tions perfides de conspiration à sa charge.*»

Je ne prétends pas invoquer la lettre de
M. Treverret comme un témoignage irrécusa-
ble; mais elle concorde en ce point avec la déclaration de l'agent de police, et facilement
on doit croire à une pareille manœuvre d'après
les justifications, qui précèdent, sur d'autres
faits.

Tandis qu'on suivait une procédure à Paris

sur la conspiration royaliste, les braves et toujours fidèles habitans de l'Ouest étaient mena-
cés de se voir impliquer dans une grande machination dont un sieur Leguevel était le chef.
Leguevel d'abord avait fait des déclarations qui
compromettaient plusieurs officiers vendéens
et bretons. Mais le 6 et le 9 novembre, ayant
appris le mauvais succès de la conspiration de
Paris (1), Leguevel se rétracta devant le juge,
et dévoila les fabricateurs d'imposture. « Mon
« premier Mémoire à Son Excellence, dit-il,
« fut conçu dans un moment d'emportement.
« J'écrivis celui de Compiègne *d'après le con-*
« *seil de l'officier de police qui me fut en-*
« *voyé....* Dans le Mémoire que j'adressai à
« *Son Excellence,* je lui dis que j'avais des
« révélations à faire.... Mais *l'officier de po-*
« *lice* QU'ELLE M'ENVOYA, *me donna l'idée de*
« *forger un plan* (2). »

_____

(1) L'arrêt de la Cour de Paris, qui met les prévenus hors
d'accusation, est du 3 novembre.

(2) Leguevel fut déclaré coupable *d'avoir fait des pro-*
positions NON AGRÉÉES, *tendantes à exciter les citoyens*
à s'armer contre l'autorité royale. Mais il fut dit que
Leguevel, *avant toute exécution ou tentative d'exécu-*
tion, et avant toute poursuite commencée, avait ré-
vélé aux autorités compétentes les faits dont il était
accusé.

Criminelles et humiliantes machinations !
Aux temps passés, les grands qui abusèrent du
pouvoir, avouaient du moins leur haine, et
osaient se délivrer de leurs ennemis par un
crime violent. Mais on ne nous a montré que
lâcheté et bassesse.

Tel était pour M. Decazes le besoin de per-
sécuter et de calomnier les royalistes, sans être
aperçu, qu'il a eu recours aux écrivains les
plus accrédités de l'opposition libérale. Il en
est qui ont été condamnés par les tribunaux
du royaume pour avoir publié des notes
que le ministre du Roi leur avait fait re-
mettre (1).

Ces calomnies eurent peu de succès en
France et même à l'étranger. Mais il fallut les
y propager pour accréditer quelque peu, auprès des puissances alliées, le système d'indif-
férence ou *de bascule,* embrassé par le ministère français. La *Correspondance privée* salit
les gazettes de Londres des plus grossières im-
postures.

Il n'est pas en Europe un homme, quelque
peu instruit des affaires de son temps, qui ne
sache que M. Decazes était le directeur de

_____

(1) Pièces justificatives, n° XXIII.

cette correspondance privée, *officielle* ou
non (1). Son origine ministérielle fut révélée
en diverses circonstances. Ainsi on remarqua
que la conspiration royaliste était annoncée à
Londres par lettre du 27 juin, quoique les premières arrestations n'aient eu lieu à Paris et
que les bruits n'aient été répandus que le
1er juillet; quoique le ministre n'en ait fait
son rapport au Roi que le 28 du même mois
de juin. On remarqua que dans la correspondance du 27, on disait que le complot avait
pour objet un attentat contre la vie du Roi,
quoique la dénonciation qui la première fit
mention de ce prétendu forfait, n'ait été portée que le 29 juin.

On a fait observer déjà que l'ordonnance
royale du 21 juillet 1816, sur la garde nationale, était annoncée à Londres et discutée
dans les journaux anglais par la *Correspondance privée du 20 juillet.*

M. Clausel de Coussergues nous a appris
que M. de Mesnard ayant été calomnié dans
la *Correspondance privée,* voulut réfuter ses
imputations dans les journaux français. La *cen-*

---

(1) Quelquefois cette Correspondance portait le titre d'*officielle.*

sure ministérielle défendit l'insertion de l'article (1).

Pour démontrer que la *Correspondance privée* était l'ouvrage du ministère français, il suffirait de comparer une lettre relative au général Canuel, insérée dans les gazettes de Londres, et datée de Paris, le 23 juillet 1818, avec un article sur le même objet, qui parut dans un journal ministériel de France (le *Journal de Paris*), le 24 juillet 1818, article qui nécessairement était de la veille. On voit, par le rapprochement des phrases et des pensées, que la lettre anglaise et l'article de Paris sortent de la même plume.

De toutes parts M. Decazes a été désigné comme auteur de la *Correspondance privée* (2).

Un pair de France, M. le vicomte de Chateaubriand, a porté à M. Decazes le défi le plus formel de nier qu'il fût l'auteur de la *Correspondance privée* (3). Le ministre et ses amis gardèrent le silence.

(1) Voir le *Projet de développement de la proposition* de M. Clausel de Coussergues, première édition, pages 105 et suivantes; 1 vol. in-8°. Paris, J. G. Dentu.

(2) Voir *Bibliothèque historique*, tome Ier, page 347.

(3) Voir *le Conservateur*, tome III, page 374.

N. B. Tout récemment, dans un écrit du 4 août 1820,

Il n'est sorte d'outrages que le général Donnadieu n'ait éprouvés dans cette correspondance ; là s'épanchait la haine avec toute sa
lâcheté. Au milieu d'accusations révoltantes,
se peut-il rien imaginer de plus odieux que ce
que contenait une lettre du 20 juillet 1818 :
*Depuis son départ, le général Donnadieu
est fort tombé dans l'estime de ses amis, à
Paris ; plusieurs sont même tentés de le re-
garder* COMME UN DES RÉVÉLATEURS DE LA CONS-
PIRATION (1).

Inventeurs de conspiration ! gens d'intrigues
et de perfidie ! voilà de vos traits ! et vous êtes
surpris de ce que le général Donnadieu a fait
éclater son indignation ! vous êtes surpris de
ce qu'il veut publier partout l'histoire de sa

---

imprimé à Londres, un écrivain a porté le même défi à
M. Decazes. *Attaquez-moi en calomnie*, dit-il, *si vous
l'osez ! je sais quels sont les personnages à faire com-
paraître et à faire interroger sous serment ; je con-
nais le cabinet où ces Correspondances étaient déca-
chetées, des personnes devant qui elles l'ont été.
Encore une fois, attaquez-moi si vous l'osez.*

(1) C'est sans doute pour donner crédit à cette calomnie, que les journaux du ministère publièrent que le général
Donnadieu n'avait été appelé devant le juge que *comme
témoin.* Il fut obligé de réclamer sa qualité de *prévenu,*
par lettre du 6 septembre 1818.

vie, et faire taire vos bouches mensongères!

Comment en effet ce loyal serviteur, ce sujet dévoué, oserait-il se plaindre de n'avoir point été épargné dans vos correspondances privées? Ne vous y a-t-il pas vus porter l'audace jusqu'à calomnier, jusqu'à accuser d'un complot contre le Roi, Monsieur! le comte d'Artois, l'héritier présomptif du trône de France (1)? Monsieur!!! le plus soumis et le plus fidèle des sujets! Ce Prince tant digne d'être aimé! ce Prince dont toute la *puissance* n'est que grâce et bonté, dont le cœur est si généreux, la piété si touchante, l'âme toute française! Quoi! dernièrement encore nous

---

(1) Voir la Correspondance privée du 27 juin, du 1er et du 2 juillet 1818.

M. Dargout, pair du 5 mars 1819, ne craint pas de dire, dans une brochure qu'il vient de publier en faveur de M. le duc Decazes : « *M. Decazes a-t-il jamais négligé* « *de déférer celles* (les attaques) *qui pouvaient s'a-* « *dresser à l'auguste personne des Princes ?* »

Mais cette infâme correspondance privée, quel qu'en soit l'auteur, ne circulait-elle pas librement en France; les journaux qui la contenaient n'étaient-ils pas étalés, à Paris, dans les cabinets littéraires? Ont-ils jamais été saisis? Tandis qu'on proscrivait avec vigilance les autres gazettes étrangères, *le New-Times*, *l'Argus*, *l'Ambigu*, etc., où l'administration de M. Decazes était censurée.

avons vu un homme, oubliant le pardon accordé à sa conduite des cent jours, rentrer
dans cette lutte impie, et, soutenant la que-
relle de son gendre, signaler une *puissance*
cachée sous les voiles du deuil, un *gouvernement occulte, un autre Roi que le Roi
lui-même* (1) ? Malheureux ! vous n'êtes donc
retenus ni par la majesté du sang de vos
maîtres, ni par leurs longs malheurs, ni par
le spectacle de leurs vertus, et vous ne pouvez
faire grâce au cœur déchiré d'un père qui vit
son fils assassiné par l'effet de vos déplorables
systèmes !

----

(1) Discours prononcé à la tribune par M. de Saint-
Aulaire, le 25 avril 1820.

TROISIÈME PARTIE.

—

C'est ainsi qu'à l'aide de rapports impos-
teurs, de faux témoignages, d'injustes accusations sur les évènemens de Lyon, de l'in-
vention d'une conspiration royaliste et des
mensonges de la correspondance privée, le
général Donnadieu semblait être accablé par
ceux qui ne pouvaient lui pardonner l'éclat de
ses services, sa haine des révolutions, son dévoûment à la maison régnante. Aux yeux du
peuple, le bien était changé en mal, le mal
était changé en bien, et les coupables de Grenoble durent relever la tête et se croire en droit
d'accuser celui qui avait réprimé leur audace.

On ne peut nier que ce fut la conduite du
ministère qui dicta les accusations téméraires
de quelques habitans de Grenoble; ils le disent
eux-mêmes : « Vers le commencement de 1819
(porte la pétition, page 3), ENCOURAGÉS PAR LES
PAROLES MÉMORABLES D'UN MINISTRE qui, cédant

« alors au cri de *sa conscience publique*, eut
« la noble franchise de signaler à la tribune
« nationale *l'impunité du crime*, nous prîmes
« la résolution de remplir un pénible devoir,
« dont la puissance de nos persécuteurs avait
« jusqu'alors empêché l'accomplissement. »

Toutefois les pétitionnaires, ainsi *encouragés par les paroles d'un ministre,* n'ont point
osé dire contre le général commandant à Grenoble, ce que le ministère fit proclamer par ses
agens contre le général commandant à Lyon.
Le vicomte Donnadieu n'est point accusé de
provocations directes à la rébellion (1).

Le général Donnadieu est accusé d'avoir
*commis un véritable assassinat sur la per-
sonne des vingt-un malheureux condamnés*

---

(1) Cependant on a cherché à glisser quelques insinua-
tions à cet égard, en invoquant *une déclaration* (je ne
sais si elle a été obtenue comme celles de Châtelain et de
Bonafoux) d'un sieur Chantran, qui était commandant d'armes
à Grenoble. Il suffit de dire qu'avant et depuis les évènemens du 4 mai, le général Donnadieu avait demandé au
ministre le remplacement de ce sieur Chantran. (Voir
Pièces justificatives , n° XXIV.) Le général Devilliers,
commandant le département de l'Isère, avait fait la même
demande.

par une commission militaire, à Grenoble, le 9 mai 1816 (1).

Cette accusation est la seule qui mérite d'être réfutée; car je ne veux point entrer dans des explications sur de prétendues anecdotes de la vie privée du général; c'est l'homme public seul qui consent à se défendre; ses actions, ses discours, sa correspondance, que j'ai fait connaître, répondent assez à ces misérables allégations.

L'accusation d'assassinat a deux prétextes qu'il est facile de détruire.

1° *Le général Donnadieu a commis un véritable assassinat, en livrant les citoyens à une commission militaire, lorsqu'une Cour prévôtale était seule compétente pour les juger (2).*

Après la nuit du 4 au 5 mai 1816, *la Cour prévôtale fut régulièrement saisie d'une première cause (3)*; la Cour prévôtale procéda à l'instruction dans les journées du 5 et du 6. On a vu plus haut le rapport que le prévôt adressa le 6 mai au général Donnadieu. Quatre

_____

(1) Voir la pétition, page 49.
(2) *Idem*, page 37.
(3) *Idem*, page 35.

accusés furent soumis à un premier jugement.
Un d'entre eux fut absous, trois furent condamnés à mort ; et l'un de ces derniers, *le
sieur David*, fut recommandé à la clémence
du Roi par la Cour prévôtale (1).

Il n'est point rare de nos jours de voir ou-
trager les magistrats ; quand tous les pouvoirs
de la société sont méconnus, les jugemens sont
traités *d'assassinats judiciaires*. Mais du moins
on n'exigera pas que le général Donnadieu ré-
ponde aux calomnies publiées contre les membres de la Cour prévôtale.

Cette Cour eût été régulièrement *saisie* de
la connaissance de toutes les autres affaires
relatives à la révolte du 4 mai, si le ministère
n'eût adressé au général Donnadieu une dépêche télégraphique ainsi conçue :

6 mai, à six heures du soir.

« Le département de l'Isère doit être regardé
« comme étant *en état de siège*. Le autorités
« civiles et militaires ont *un pouvoir discré-
« tionnaire.* »

Il faut bien comprendre ce qu'on doit entendre par ces mots : *Etat de siége*. Le mi-

---

(1) Voir la pétition, page 38.

nistre s'en est expliqué par une lettre du 10
mai 1816.

« Vous avez reçu l'avis que vous étiez au-
« torisé à mettre la place de Grenoble en état
« de siége; je présume que vous aurez devancé
« cette autorisation, l'art. 33 du décret du 24
« décembre 1811 vous la donnant de plein
« droit. D'ailleurs, l'état de siége des places
« de la 7ᵉ division militaire, qui existait pen-
« dant et depuis les évènemens de la dernière
« guerre, n'a jamais été formellement levé par
« une ordonnance royale. »

Le ministre cite, en outre, les articles 101
et 103 du décret du 24 décembre 1811.

Or, aux termes de l'article 53 du décret,
« l'état de siége est déterminé par *un ordre*
« *du Roi,* ou par l'investissement, ou *par une*
« *attaque de vive force,* ou par une surprise,
« ou *par une sédition intérieure,* ou enfin *par*
« *des rassemblemens formés dans le rayon*
« *d'investissement,* sans l'autorisation d'un
« mag strat. »

D'après l'article 101, *dans les places en état*
de siége, l'autorité dont les magistrats étaient
revêtus passe toute entière aux commandans
d'armes. D'après l'article 103, *les tribunaux*

ordinaires sont remplacés par les tribunaux militaires.

Conformément à l'art. 1er d'une loi du 11 frimaire an vi (1er décembre 1797), les membres de ces tribunaux militaires ou *conseils de guerre*, doivent être pris, *sur la désignation du commandant en chef de la place, parmi les officiers et sous-officiers de la garnison.*

À l'arrivée de la dépêche télégraphique, le général Donnadieu fut donc obligé de remplacer les tribunaux ordinaires par les conseils de guerre. La Cour prévôtale *cessa donc d'être compétente.*

Ce conseil de guerre, que les pétitionnaires s'obstinent à nommer une commission militaire, fut formé conformément aux règles prescrites par les articles 1er, 2, 3 et 25 de la loi du 13 brumaire an v (1).

---

(1) Article 2 de la loi du 13 brumaire an v.

« Chaque conseil de guerre sera composé de sept membres ; savoir :

« 1º D'un chef de brigade, ou colonel, lequel remplira toujours les fonctions de président (ou d'un major, aux termes du décret du 24 janvier 1812, art. 1er);

« 2º D'un chef de bataillon ou chef d'escadron ;

« 3º De deux capitaines ;

« 4º D'un lieutenant ;

Ainsi, il reste avéré que le général Donnadieu avait d'abord *régulièrement* livré les coupables à la Cour prévôtale, mais que, sur
l'ordre des ministres, la ville étant mise en
état de siége, il dut assembler le conseil de
guerre, et qu'il le composa conformément aux
lois. Voilà tout ce qu'il a fait, tout ce qu'il a
pu faire à cet égard; *que devient l'accusation* D'ASSASSINAT? Passons aux autres griefs (1).

_____

« 5° D'un sous-lieutenant et d'un sous-officier;

« Un capitaine fera les fonctions de rapporteur; le gref-
fier sera toujours au choix du rapporteur. »

Le conseil de guerre assemblé par le général Donnadieu,
fut composé,

1° De M. de Vaut é, *colonel*, président;

2° De M. Duclaux-d'Eymard, *chef de bataillon;*

3° De MM. Guenerat et de Mary, *capitaines;*

4° De M. Mac , *lieutenant;*

5° De MM. Benoît, *sous-lieutenant*, et Paquel, *sergent-major;*

M. Roudier, *capitaine, fit les fonctions de rapporteur.* (Voir la pétition, page 40.)

(1) Les pétitionnaires se sont beaucoup récrié contre un
arrête du 9 mai, qui fut signé par le préfet et par le général Cet arrête avait pour objet d'empêcher qu'on donnât
asile aux coupables. Mais comme *il n'a jamais reçu aucune exécution*, qu'on ne le prétend pas, et qu'on n'ose-
rait le prétendre, il n'est besoin d'aucune explication sur
cet acte, qui n'a contenu que des menaces,

2° Le conseil de guerre avait recommandé cinq individus à la clémence du Roi. *Le même conseil de guerre avait déclaré qu'il serait sursis à l'exécution de deux autres condamnés.* « Ce sursis donnait le temps de « comprendre ces deux infortunés dans la « même demande en grâce que cinq des autres « condamnés, qui, par le même jugement, « avaient été recommandés à la clémence du « Roi. *On avait tout lieu de l'espérer, car « le général avait donné à leur égard quel- « ques marques de sensibilité.... Mais cet « homme inconcevable par ses extrêmes,* « FUT RENDU TROP TÔT A SA FÉROCITÉ NATU- « RELLE. *Il parut rougir d'un mouvement « qu'il regardait sans doute comme une fai- « blesse. Probablement encore l'ambition « qui dévore son cœur reprit bientôt son « empire....* ON N'ATTENDIT PAS LA RÉPONSE. « *L'ordre d'exécuter les cinq autres con- « damnés recommandés à la clémence du « Roi,* FUT APPLIQUÉ A CES DEUX INNOCENS ; *et « quatre jours après leur jugement,* ILS FU- « RENT IMMOLÉS SANS PITIÉ ! »

Telle est l'accusation, voici la vérité :

Le général Donnadieu, accusé d'*une féro-*

cité naturelle, sollicita la grâce des cinq condamnés que le conseil de guerre avait recommandés à la clémence du Roi, et celle de David, pour qui la Cour prévôtale avait montré le même intérêt. *Le général Donnadieu sollicita la grâce des deux individus* à l'égard desquels il n'avait été prononcé qu'*un simple sursis d'exécution.*

Mais le 14 du même mois, il reçut la dépêche suivante :

Dépêche télégraphique de Paris, du 12 mai 1816, à quatre heures du soir.

TÉLÉGRAPHIE. — *Ligne de Lyon.*

LE MINISTRE DE LA POLICE GÉNÉRALE,

AU GÉNÉRAL DONNADIEU, COMMANDANT LA 7ᵉ DIVISION MILITAIRE.

« Je vous annonce, par ordre du Roi, qu'*il « ne faut accorder de grâce* qu'à ceux qui « ont révélé des choses importantes.

« LES VINGT-UN CONDAMNÉS DOIVENT ÊTRE « EXÉCUTÉS, AINSI QUE DAVID.

« L'arrêté du 9, relatif aux receleurs, ne « peut pas être exécuté à la lettre.

« *On promet vingt mille francs à ceux*
« *qui livreront Didier.*

« Pour copie : *Signé* J. DESROYS. »

Lyon, 14 mai, à 9 heures du matin.

« *P. S.* Les dépêches émanées de Lyon et
« le mauvais temps ont retardé l'arrivée de
« cette dépêche. »

Assurément, il est assez prouvé désormais
que l'accusation est injuste et criminelle à l'é-
gard du général Donnadieu. La Cour fera justice des calomniateurs.

Mais quoi, M. Decazes ! c'est vous qui avez
repoussé les demandes en grâce ! c'est vous
qui avez donné l'ordre d'exécuter les vingt-un
condamnés, ainsi que David ! c'est vous qui
avez promis vingt mille francs à qui livrerait
Didier ! c'est vous qui, effrayé par les évènemens, avez adressé à quinze préfets une lettre
où vous leur abandonnez un pouvoir discrétionnaire ! et c'est vous qui avez dit à la tribune que *ces malheureux croyaient venir à*
des fêtes et à des réjouissances, que le fait
a été positivement reconnu !

Conciliez donc vos phrases de tribune et
vos dépêches télégraphiques (1)!

M. Decazes se jouait des affaires du royaume,
de la vie et de l'honneur des sujets du Roi,
selon les besoins de sa politique, selon ses pensées ou ses intérêts du moment.

A la dépêche télégraphique de M. Decazes,
il faut opposer ce que le vicomte Donnadieu
écrivit au ministre de la guerre, après l'avoir
reçue : c'est par-là que je terminerai ce que j'ai
à dire de ce général, qui, parce qu'il est resté
fidèle à ses sermens, parce qu'il a embrassé
avec ardeur la cause de son Roi, les intérêts
de la maison de Bourbon, les vrais intérêts de
la France, a été abreuvé, depuis quatre ans,
de mille dégoûts et de mille amertumes, et
s'est vu presque réduit à envier le sort de ceux
qui trahirent la maison régnante, et secondè-
rent les efforts de l'usurpateur. Cette lettre,
pleine de fermeté et de sagesse, vraiment digne
d'un sujet dévoué au Prince et ami de ses concitoyens, doit répondre à toutes les calomnies.

Grenoble, 15 mai 1816.

« Monseigneur,

« Aujourd'hui, à quatre heures, *les sept des*

---

(1) L'administration immorale de M. Decazes offre plu-

« vingt-un malheureux condamnés à mort
« le 9, dont l'exécution avait été suspendue
« jusqu'à ce jour, ont subi leur jugement. De-
« main matin, le nommé David, qui avait été
« également suspendu, subira son jugement.

« Monseigneur, autant ces châtimens pro-
« duisent un effet salutaire, lorsqu'ils suivent,
« avec la rapidité de la foudre, le crime qui
« les a appelés, *autant ils peuvent produire*
« *un effet contraire dans l'esprit des hommes,*
« *alors que le calme est rétabli, et que l'idée*
« *du crime s'efface pour faire place à la*
« *commisération qu'inspirent des misérables*
« *entraînés par de grands criminels,* sur qui
« seuls doit tomber désormais toute la sévérité
« des lois. *C'est pour répondre,* monseigneur,
« *à des ordres reçus aujourd'hui de Leurs*
« *Excellences les ministres de la justice et*
« *de la police,* provoquant les mesures les
« plus sévères d'exécution envers tous ces mi-
« sérables, que j'ai l'honneur d'adresser ces
« réflexions à Votre Excellence.

« *Ces ordres,* adressés au procureur-général

---

sieurs exemples de ces contradictions qui affligent les cœurs
et déconsidèrent un gouvernement. (Voir entr'autres faits,
aux Pièces justificatives, n° XXV.)

« et aux autres premières autorités, *pouvant*
« *être mal interprétés dans les intérêts es-*
« *sentiels de Sa Majesté*, je crois extrême-
« ment nécessaire et utile à son auguste ser-
« vice, *que des interprétations justes soient*
« *données, pour que les châtimens à exercer*
« *à l'avenir ne tombent absolument que sur la*
« *tête des principaux chefs ; qu'enfin, un*
« *zèle mal dirigé, et qui n'est exalté souvent*
« *qu'alors que le péril a cessé,* NE FASSE PAS
« IMAGINER QUE C'EST EN FAISANT COULER DES
« RUISSEAUX DE SANG QU'ON PEUT SERVIR UNE
« CAUSE AUSSI JUSTE, ET QUI NE DOIT ÊTRE ÉTAYÉE
« QUE SUR DES PRINCIPES DE BONTÉ ET DE DOU-
« CEUR, ET NON SUR UNE CRUAUTÉ INUTILE. »

Peut-on concevoir que les ministres aient
laissé le général Donnadieu sous le poids d'une
accusation *d'assassinat !* Peut-on concevoir
qu'ils n'aient point rendu témoignage public
de sa conduite, lorsqu'il écrivit inutilement
au Roi pour obtenir des juges (1); lorsqu'il
sollicita avec instance une audience de Sa
Majesté; lorsque si souvent les Chambres demandèrent des éclaircissemens sur les affaires
de Grenoble; lorsqu'une plainte fut portée

_____

(1) Par lettre du 15 novembre 1818.

contre lui par quelques habitans de cette ville;
lorsque le conseil d'Etat fut appelé à délibérer
sur cette plainte; lorsqu'une pétition fut sou-
mise à la Chambre des députés sur cette affaire;
lorsque cette pétition fut renvoyée aux ministres par la Chambre! On voulut au contraire
donner crédit à l'imposture. Le général a été
destitué, accusé, calomnié par le ministère(1).

---

(1) On ne peut se faire une idée de tous les genres de vexations auxquelles le général Donnadieu a été en butte. Une
ordonnance du Roi, du 22 juillet 1818, portait, article 2:
 « *Notre ministre secrétaire d'Etat au département*
 « *de la guerre nous proposera la liste des officiers-*
 « *généraux qui doivent faire partie du cadre d'or-*
 « *ganisation de l'état-major-général; il y compren-*
 « *dra. . . . . les généraux employés ou*
 « *désignés pour les inspections d'infanterie et de ca-*
 « *valerie.* »
Le général Donnadieu était alors en tournée pour l'inspection des régimens suisses; évidemment, il avait droit,
aux termes de l'ordonnance, d'être compris dans le cadre
d'organisation de l'état-major-général. Il n'en fut point
ainsi : l'ordonnance fut violée à son égard. Ce fut en vain
que le général réclama pendant toute la durée du ministère
de M. Gouvion Saint-Cyr. On lui refusa l'activité et le traitement auxquels il avait droit. Les ordres qu'il avait reçus
pour son inspection avaient été volés parmi ses papiers. Le
général ayant sollicité de nouveau, depuis le ministère de

M. Decazes, qui est monté à la tribune pour dénaturer les faits, M. Decazes, qui a transmis *l'ordre d'exécuter les vingt-un condamnés*, pouvait-il consentir à ce qu'il fût dit à la France que le général Donnadieu avait suivi, en toutes choses, les instructions du gouvernement?

Non! on ne pouvait attendre cette loyauté et cette justice d'un ministre qui, parce que la loi d'amnistie du 12 janvier 1816 portait (article 5) qu'elle ne serait point applicable aux personnes contre lesquelles des poursuites auraient été dirigées, ou des jugemens seraient intervenus avant *sa promulgation*, écrivit aux préfets, le même jour, 12 janvier 1816 : *« Vous*

M. de Latour-Maubourg, on fut obligé de lui dire que la minute des ordres dont il voulait un duplicata, ne se retrouvait point au ministère; que la feuille sur laquelle ils étaient portés, avait été *arrachée* du registre, et on lui délivra un certificat pour lui tenir lieu de la lettre d'ordre, qui n'existe plus. (Pièces justificatives, nᵒˢ XXVI et XXVII.) C'est après avoir connu toutes ces petites menées, que le général Donnadieu a porté ses réclamations auprès de M. de Richelieu. Quelle n'a point dû être sa douleur, quand il a trouvé le président actuel du conseil des ministres encore imbu des fausses idées qu'avait répandues son prédécesseur! Quiconque a lu ce Mémoire avec attention, ne doit point être étonné que l'explication ait été vive entre le général et Son Excellence.

« *pouvez* continuer et prescrire , *avant la*
« *promulgation de la loi*, toutes les pour-
« suites pour délits politiques qui seraient ré-
« clamées par la gravité des accusations , et
« *par la nécessité de faire des exemples*.
« Vous inviterez messieurs les procureurs du
« Roi *à agir d'office*, *à commencer des ins-*
« *tructions*, A METTRE ENFIN LES PRÉVENUS DANS
« LA SITUATION PARTICULIÈRE QUI A MOTIVÉ LES
« TERMES PRÉCIS DE L'ARTICLE 5 DONT IL EST ICI
« QUESTION (1). »

Le ministre calculait que ses estafettes de-
vanceraient le moment de la *promulgation
légale*, fixé par l'article 1ᵉʳ du Code civil !
C'est ainsi qu'une loi de l'Etat, une loi de
grâce, était éludée par M. Decazes (2) ! Voilà
comme des ministres gouvernent, au nom des
Princes les plus justes, les plus généreux !

---

(1) Voir l'ouvrage de M. Clausel de Coussergues, pages 17
et 18 , 1ʳᵉ édition.

(2) C'est en cette occasion qu'un préfet, M. de C******,
écrivit à M. Decazes :

« Monseigneur, je ne priverai jamais des malheureux
de la clémence royale, et je vous répondrai, comme le
vicomte Dorte à Charles IX : *Vous trouverez parmi
nous des soldats, des sujets fidèles, mais pas un
reau.* » Ce préfet a été destitué.

7

Ceux qui tiennent aujourd'hui le timon de l'Etat, ne jetteront-ils pas un coup-d'œil sur la route funeste que nous avons parcourue depuis quatre ans! Ne flétriront-ils pas cette longue alliance de la présomption et de la peur, des persécutions et de la mollesse, des accusations et du mensonge; cette confusion du bien et du mal, des devoirs et des intérêts, des vertus et des crimes! Qu'attend-t-on encore pour confesser les torts et les erreurs? Il suffit de voir les résultats. La fidélité a été avilie, persécutée, et la trahison apparaît. La révolution a été caressée, et la révolution se relève menaçante. On juge que *la loi est athée, qu'elle doit l'être;* et un assassin frappe en disant : Dieu n'est qu'un mot! Les régicides sont rappelés, et un régicide est insolemment député pour s'associer aux œuvres du Roi! La police règle tout, dirige tout, et la police fait des infâmes dans tous les rangs, dans toutes les classes. Les émigrés sont baffoués; sans respect pour le Roi qui les commandait, on les traite de satellites de l'étranger, et le duc de Berry meurt assassiné, parce que les Bourbons sont les ennemis de la France (1)! Les fauteurs de

_____

(1) Louvel disait : *Ai-je tort, ai-je raison? si j'ai tort, pourquoi ces idées ne me quittent-elles pas?*

l'usurpation sont mis en honneur, et sous le règne du frère de Louis XVI, on proclame qu'*il n'y a point de légitimité en ligne collatérale!*

Quand le Roi est rentré dans ses Etats, quand le nom des Bourbons a été prononcé en France, les cœurs étaient pleins de joie; il semblait aux jeunes Français que c'étaient eux qui sortaient d'un long exil, qui revoyaient une patrie, qui retrouvaient la terre de leurs aïeux; la gloire, le bonheur, les vertus de leurs pères renaissaient à leurs yeux. On a comprimé ce généreux élan; aujourd'hui les cœurs sont froids, et les têtes fermentent pleines de folles théories et de chimériques spéculations.

Nous vîmes alors le peuple, empressé autour de ses Princes, danser, aux cris de *vive le Roi!* dans les rues, dans les places de la

---

« Hélas! elles ne le quittaient pas, parce que ces ennemis « perpétuels de tout ordre, qui criaient sans cesse à ses « oreilles, que le temps de la gloire de la France était passé, « que la liberté était menacée, que le gouvernement des « Bourbons trahissait les intérêts de la patrie, fixaient dans « sa faible cervelle toutes ces fausses notions, et y réveil- « laient ses fureurs. » (*Réquisitoire définitif de M.* BEL- LART, procureur-général près la Cour des Pairs.)

ville, dans les cours, dans les jardins du palais ;
le Roi daigna se mêler à cette foule *affamée*
de le voir. Depuis, nous avons vu les jardins
fermés, les sentinelles répandues autour du
palais, les places couvertes de soldats, et les
gardes poursuivant, le sabre à la main, la
tourbe des séditieux.

Au commencement de 1816, les légions, à
peine formées, marchaient contre les rebelles
aux cris de *vive le Roi!* Aujourd'hui, dans le
sein de ces mêmes légions, on trouve des traî-
tres qui veulent anéantir la famille royale, aux
cris de *vive l'empereur!*

Voilà, voilà les fruits d'un système où la justice, l'honneur et la bonne foi n'entrèrent pour
rien ! Que M. Decazes nous a-t-il laissé en
partant? des haines, des dégoûts, des défian-
ces, des partis irrités, des complots, les lois
d'exception renaissantes, et le tombeau du dernier fils de nos Rois.

Puissent, du moins, à l'avenir, les déposi-
taires du pouvoir rentrer dans les voies du
juste et du vrai ! Puissent-ils s'attacher forte-
ment aux intérêts de la monarchie, aux intérêts de cette légitimité, protectrice de tous les
droits et de toutes les propriétés ! Il est temps
d'abandonner de faux systèmes et des doctrines

funestes. Laissons toutes ces théories à ceux qui
ne sont point intimidés par le souvenir de nos
premiers désastres, par la mort de Kotzebüe,
les désordres de Manchester, le complot contre
la vie des ministres anglais, l'insurrection militaire de l'Espagne, les massacres de Palerme,
la révolte de Lisbonne, l'élection d'un régicide,
l'assassinat du duc de Berry, le projet d'anéantir la famille royale.....

Puisse désormais la conduite des ministres
nous unir d'un même amour pour le Roi, d'un
même dévoûment à sa personne, d'un même
attachement pour les Princes! Reconnaissons
que, depuis le retour de ces Bourbons, nous
possédons une liberté que, pendant trente ans,
les hommes honnêtes avaient perdue, et qui
ne peut être contestée que par les criminels qui
ont joui de la licence, ou les lâches qui ont
trafiqué du despotisme. Secondons le pouvoir
royal, seul appui, seul défenseur de la liberté
publique! Servons et respectons la justice;
honorons la fidélité; maintenons et vénérons la
religion de nos pères; mettons ainsi fin aux
haines et aux discordes! Bientôt, sans doute,
le Ciel va nous rendre un Prince qui nous
est dû; et nous redirons alors, dans nos vœux
pour la France :

« Que les troubles qui l'agitent soient cal-
« més avant qu'il puisse les connaître; que la
« concorde et l'union rétablies parmi nous
« préviennent la sévérité de ses lois, et ne
« laissent plus rien à faire à son zèle; que
« son règne soit le règne de la paix et de la
« vérité; que le lion et l'agneau vivent ensem-
« ble paisiblement sous son empire; et que
« cet enfant miraculeux, comme dit Isaïe,
« les mène encore et les voie réunis dans les
« mêmes pâturages; *et puer parvulus minabit*
« *eos* (1). Que le camp des infidèles et des
« Philistins ne se réjouisse plus de nos dis-
« sensions, et que, s'ils entendent encore des
« clameurs autour de l'arche, ce ne soient
« plus celles qui annoncent ses périls et des
« malheurs nouveaux, mais ses triomphes et
« sa gloire (2). »

Signé BERRYER fils, *Avocat.*

---

(1) Isaïe, chap. xi, v. 6.
(2) Massillon, deuxième dimanche de carême.

~~~~~~

PIÈCES JUSTIFICATIVES.

—

N° I.

MINISTÈRE DE LA GUERRE.

Gand, le 18 juin 1815.

Général, j'ai l'honneur de vous informer que le Roi, voulant récompenser le dévoûment que vous avez montré pour son service, a bien voulu, par ordonnance du 6 de ce mois, vous nommer *grand-officier de la Légion-d'Honneur.*

J'ai l'honneur d'adresser à Son Altesse Royale Madame, Duchesse d'Angoulême, le cordon de la Légion-d'Honneur qui vous est destiné. Vous voudrez bien prendre, pour votre réception, les ordres de Son Altesse Royale.

Cette faveur de Sa Majesté prouve le prix qu'elle met à vos services et à ceux que vous pouvez lui rendre encore, et il m'est infiniment agréable d'être, dans cette circonstance, l'interprète de ses intentions à cet égard.

Agréez, général, l'assurance de ma considération distinguée,

Le ministre secrétaire d'Etat de la guerre,

Signé le duc DE FELTRE.

N°. II.

NOUS, MARIE-THÉRÈSE-CHARLOTTE DE FRANCE, en vertu des pouvoirs qui nous ont été donnés par le ROI, NOTRE ONCLE ET SEIGNEUR, donnons ordre à M. le lieutenant-général Donnadieu de se rendre immédiatement en Espagne, et, s'il est nécessaire, sur les côtes d'Italie, pour y conférer avec les généraux et autres officiers de Sa Majesté Catholique, et autres commandans des forces alliées ; afin de prendre toutes les dispositions nécessaires pour agir, avec les troupes disponibles des puissances, sur les côtes de France.

Nommons, par cette présente, M. le lieutenant-général Donnadieu *commissaire extraordinaire* du Roi dans les départemens du Midi, et partout où il jugera convenable de se porter pour le service du Roi, l'autorisons à prendre toutes les mesures qu'il croira propres à servir les intérêts et les succès de la cause de Sa Majesté et de la France.

Mandons et ordonnons à toutes les autorités civiles, militaires et judiciaires, de reconnaître en cette qualité de commissaire extraordinaire du Roi,

ledit général Donnadieu, de l'assister de leurs moyens,
et de concourir avec lui dans l'objet de sa mission,
sans toutefois contrarier les arrangemens qu'aurait
faits S. A. R. Monseigneur le duc d'Angoulême,
dans les départemens dont le Roi mon oncle et seigneur lui a confié le commandement.

Fait à Londres, le 22 juin 1815.

Signé Marie-Thérèse.

N° III.

Au rédacteur de la Quotidienne.

Bayonne, le 21 juillet 1815.

Monsieur,

Veuillez bien avoir la bonté d'insérer dans le plus
prochain Numéro de votre journal, la note ci-
après :

« Au milieu de l'allégresse publique, le drapeau
blanc vient d'être arboré sur les forts et tours de
notre ville, au bruit du canon de toute l'artillerie de
la place et de la citadelle. Nous devons au zèle in-
trépide du lieutenant-général Donnadieu, commissaire extraordinaire du Roi dans le Midi de la France,
de voir flotter cet étendard sacré, signe de la paix et
du bonheur de la patrie, quelques jours plus tôt que
nous ne l'aurions vu par l'ordre général. Il y a cinq
jours que M. Donnadieu a eu le courage de pénétrer
seul dans notre ville, de se présenter au gouverne-

ment et au conseil de défense, et de les sommer, au nom du Roi et de la patrie, de se rendre au vœu général. »

Le maire de la ville de Bayonne,

Signé CHÉZARAY.

Nᵒ IV.

MINISTÈRE DE LA GUERRE.

A M. le lieutenant-général comte Marchand, commandant la 7ᵉ division militaire, à Grenoble.

Paris, le 9 décembre 1815.

Monsieur le comte, j'ai reçu le rapport que vous m'avez fait l'honneur de m'adresser le 28 novembre dernier, et par lequel vous me donnez des détails sur *le mouvement qui a eu lieu le 19 du même mois dans la commune de Jonnage.* J'y vois que cette affaire a été portée à la connaissance de M. le procureur du Roi, afin qu'il puisse instruire contre les coupables.

Indépendamment de cette disposition, il eût été convenable que vous eussiez envoyé sur les lieux une force quelconque pour faire arrêter les perturbateurs; les faits devaient vous paraître assez graves pour exiger un prompt exemple.

J'ai l'honneur d'être, etc.

Signé le duc DE FELTRE.

N° V.

Le lieutenant-général Donnadieu, commandant la 7ᵉ division militaire, à Son Excellence le ministre de la guerre.

Grenoble, le 18 janvier 1816.

Monseigneur,

Par sa lettre du 13 du courant, Votre Excellence me donne l'ordre de lui faire connaître quels sont les moyens que j'aurais à ma disposition, dans le cas où quelques troubles exigeraient de ma part l'envoi de forces sur Avignon ou quelqu'autre point de ces contrées. Je n'ai d'autres ressources que celles que me présentent la gendarmerie, la garde nationale à cheval des départemens de la Drôme et de l'Isère, dont le nombre peut s'élever jusqu'à cent, et les gardes nationales de la province. Ces trois corps pourraient me fournir au besoin de quatre à six cents hommes, réunis dans le plus bref délai sur l'extrême frontière sud du département de la Drôme. Voilà, monseigneur, les moyens dont je pourrais faire usage, en cas de nécessité, sans compromettre en rien la tranquillité de cette division. Je ne parle pas à Votre Excellence des légions départementales; leur défaut d'organisation jusqu'à ce jour, ne permet en aucune manière de compter sur elles, quoique cependant il me paraîtrait nécessaire que celles qui doivent s'organiser sur cette frontière, le fussent plutôt qu'ailleurs, tant pour occuper la ligne, que pour garder les forteresses. Je préviens Votre Excellence que, pour tout ce que j'ai cru nécessaire au maintien de la tranquillité des deux divisions, je me suis entendu avec M. le lieutenant-général baron de Damas, commandant la huitième, pour nous prêter mutuellement tous les secours dont nous aurions besoin, dans le cas d'évènemens quelconques.

Maintenant, je me permettrai, monseigneur, d'observer à Votre Excellence que, comme j'ai eu l'honneur de lui dire dans ma lettre du 20 décembre dernier, d'après l'exaltation qui règne en Bas-Languedoc et dans le ci-devant Comtat Vénaissin, il me semblerait que les troupes les plus propres à ramener l'ordre et la tranquillité dans ce pays, seraient celles que l'on pourrait tirer des départemens du Nord, qui sont animées des meilleurs sentimens, et particulièrement étrangères à tout esprit de parti, et ne connaissant absolument que l'obéissance passive aux ordres du Roi. Des régimens suisses présenteraient également ce même avantage; car, comme j'ai eu l'honneur de l'observer à Votre Excellence, toutes les opinions sont extrêmes dans ces provinces, dans le bien comme dans le mal, et il est même rare que les avantages qu'on retire du premier de ces deux principes n'arrivent pas au même résultat que le second, si l'on ne s'empresse d'arrêter l'effervescence populaire, qui, après avoir servi la meilleure des causes, n'est plus que l'instrument des passions

particulières. Il n'est malheureusement que trop vrai
qu'en Bas-Languedoc la différence des opinions re-
ligieuses forme celle des opinions politiques. Les
protestans ont embrassé avec chaleur les principes
de la révolution, dès son origine ; ils en ont suivi
toutes les nuances. Par la conséquence de ces dispositions, il est probable qu'ils ont vu avec une sorte
de prévention le retour de l'auguste famille de nos
Rois, par la seule crainte de perdre leur liberté religieuse, que la révolution semblait leur avoir accordée. Alors, je pense que leur détermination en
faveur de Buonaparte, a été aussi prompte que son
apparition sur les côtes de Provence. Cette conduite,
aussi mal raisonnée de leur part, en faveur d'un
homme qui ne respectait rien, que criminelle envers
le Roi et l'Etat, leur a valu la réaction qu'ils ont at-
tirée sur eux. Né moi-même dans cette religion, et
à Nîmes, quoiqu'ayant quitté ce pays fort jeune, je
me suis empressé, aussitôt que j'ai connu ces évènemens, d'écrire à un homme influent de cette religion,
pour leur faire connaître les torts réels de leur conduite envers le meilleur des Rois, et l'absurdité de
leurs craintes sur leur liberté religieuse, en me ci-
tant moi-même pour exemple des marques de mu-
nificence et de bonté que j'avais reçues du Souverain
dont ils osaient méconnaître les sentimens généreux,
quand je n'avais fait, pour les mériter, que remplir
simplement mes devoirs. J'ai appris avec quelque satisfaction que cette lettre avait contribué à détruire

des préventions aussi mal fondées qu'injustes ; mais, malgré ces considérations, je doute, monseigneur, que de long-temps les hommes de ce parti deviennent franchement des sujets dévoués et fidèles, et que cette disposition, quelque secrète qu'elle puisse être, quelque renfermée dans le fond de l'âme qu'elle soit, n'excite constamment des actions personnelles, et même des séditions, si les mesures les plus sages ne sont adoptées, en employant des hommes tout à fait étrangers aux passions qui fermentent dans le sein de ces populations.

Si je me permets d'occuper Votre Excellence par des réflexions quelquefois étrangères au cercle de mes devoirs, j'ose espérer qu'elle voudra bien les excuser en faveur du motif ; qu'elle veuille surtout bien n'y voir que le zèle d'un serviteur dévoué et plein de reconnaissance envers le meilleur des Princes, et animé exclusivement de la passion du bien public.

J'ai l'honneur d'être, etc.

N° VI.

MINISTÈRE DE LA GUERRE.

Paris, le 17 janvier 1817.

M. le ministre de la police générale m'a fait part des inquiétudes que l'administration des postes paraît avoir sur le passage, à Pierrelate, des courriers de Lyon et de Marseille, qui n'arrivent jamais que de nuit dans ce gîte, et auxquels l'insuffisance de la brigade de gendarmerie qui s'y trouve en station, ne permet pas quelquefois que l'on fournisse les escortes nécessaires.

Il paraît, en effet, d'après divers rapports qui me sont parvenus, que les routes qui suivent le cours du Rhône sont loin d'être sûres, et qu'il commence à s'y organiser un système de brigandage qui doit fixer l'attention de l'autorité. Je ne puis trop appeler sur cet objet toute votre surveillance, et vous inviter à prendre toutes les mesures que vous jugerez nécessaires pour que ces routes soient rendues libres, et que les courriers et voyageurs puissent y circuler avec pleine sécurité. Si les brigades de gendarmerie, soit à Pierrelate, soit sur les autres points de la même route, sont trop faibles, et que vous n'ayez à votre disposition aucun moyen d'en augmenter la force, vous devez, en vous concertant avec les préfets et autres autorités civiles, y faire concourir les gardes nationales des environs, concurremment avec la gendarmerie, de manière à pouvoir, par des battues fréquentes, éclairer la route sur tous les points suspectés de recéler des malfaiteurs. Les gardes nationales appelées à l'exécution de cette mesure, y mettront d'autant plus de zèle, qu'il s'agit de leur propre sûreté et de la conservation de la tranquillité locale.

Je dois, au surplus, vous faire connaître que le général Corsin vient de prescrire des mesures parti-

culières pour la sûreté des routes dans le département
de Vaucluse, et il serait bon que vous vous
entendissiez avec cet officier-général, afin d'y coor-
donner les vôtres.

Si, nonobstant ces dispositions, vous recevez l'a-
vis de quelque nouvel attentat à la sûreté des voyageurs, *une mesure qui me paraît propre à en faire
découvrir l'auteur, c'est d'établir dans la commune sur
le territoire de laquelle le délit a été commis, et à la
charge des habitans, un poste de gardes nationales
envoyées par le préfet, d'un autre point du département, et qui y resteront jusqu'à ce que le coupable
ait été découvert et livré à l'autorité.* Entendez-vous
avec MM. les préfets, pour que les désignations des
gardes nationales ne tombent que sur des hommes
attachés à l'ordre, et dont les bons sentimens garan-
tissent le succès de cette mesure. Dans ce moment,
où l'industrie n'a pas encore repris toute son activité, il en est à qui ce déplacement, au lieu d'être
onéreux, fournirait au contraire des moyens de sub-
sistance. Ces détachemens, commandés par des officiers sûrs et dévoués, ou placés auprès des brigades
de gendarmerie, ne peuvent rendre que de très-bons
services.

On saisira cette occasion de faire des recherches,
pour découvrir, sur ces divers points, les armes
présumées appartenir à l'Etat, et pour les retirer
des mains de tous les citoyens qui ne justifieront
pas d'un titre légal pour les conserver.

J'ai invité S. Exc. le ministre de l'intérieur, en lui communiquant les dispositions ci-dessus énoncées, à donner des instructions analogues aux préfets de la Drôme et de l'Isère. Ces dispositions ne seront, en conséquence, susceptibles d'exécution, que lorsque les préfets seront suffisamment autorisés.

J'ai l'honneur d'être, etc.

Signé le duc DE FELTRE.

N· VII.

MINISTÈRE DE LA GUERRE.

Paris, le 26 janvier 1816.

Monsieur, d'après des renseignemens qui me sont parvenus sur un sieur Emery (Apollinaire), dont la famille était domiciliée à Grenoble en mars dernier, cet individu serait revenu de l'île d'Elbe avec Buonaparte, et l'aurait devancé de deux jours à Grenoble.

Cet Emery était chirurgien dans l'ex-garde impériale. On prétend qu'il eut, avant d'arriver à Grenoble, un entretien avec le général Mouton Duvernet, et qu'étant entré dans cette ville le 5, entre deux et trois heures de l'après-midi, il y annonça, et fit répandre, par ses parens et amis, que Buonaparte, qui avait débarqué, de l'assentiment de l'Autriche et de l'Angleterre, serait le surlendemain à Grenoble.

Cet Emery pouvant devenir nécessaire dans l'ins-

8

truction dirigée contre M. le lieutenant-général Marchand, je vous prie de *vous assurer de sa personne*, s'il est à Grenoble ou à Lemps, d'où il est originaire, et *de le faire conduire à Besançon*, etc.

Signé le duc DE FELTRE.

Nº VIII.

GENDARMERIE ROYALE.

18ᵉ *Légion*, *compagnie de l'Isère.*

Aujourd'hui quatre février mil huit cent seize, vers les dix heures du matin, nous soussignés, Carrier, maréchal des logis de gendarmerie, accompagné des gendarmes Meunier, Lahaye et Réaux, de la résidence de la côte Saint-André, certifions nous être transportés en la commune de Lemps, à l'effet d'y arrêter M. Emery (Apollinaire), chirurgien de l'ex-garde, pour être, par nous, transféré à Besançon, conformément aux ordres de M. le lieutenant-général Donnadieu, et de M. le capitaine commandant la gendarmerie du département de l'Isère, en date des trente-un janvier dernier et deux du courant, lequel, à force de précautions, nous avons parvenu à arrêter dans une des rues de cette place, et lui avons donné connaissance des ordres dont nous étions porteurs, à quoi il s'est conformé avec la plus grande soumission, en nous exposant qu'il

désirerait, avant son départ, se procurer des moyens
de transport et des effets nécessaires, ce que nous
avons accordé, pourvu qu'il se rendît avec nous chez
M. le maire.

Un grand rassemblement s'étant aussitôt formé,
au nombre d'environ trois cents personnes, la plus
grande partie anciens militaires, qui se sont, avec
violence, présentés à la porte du maire pour forcer
l'entrée (desquels nous donnerons les noms par la
suite), en nous provoquant avec menaces et in-
jures, dans l'intention de nous enlever notre pri_
sonnier, criant à haute voix que nous ne l'emmène-
rions pas, qu'ils s'y opposeraient par la force ; M. le
maire nous exposant la rixe que nous allions encou-
rir par la populace, et éviter un châtiment exem-
plaire où était exposée sa commune par ces rebelles, de lui accorder de se rendre corporellement
responsable de M. Emery, et de nous le conduire
à une lieue de distance, dans une auberge nommée
le Molard, où une partie de ce rassemblement, au
nombre de cent et quelques, avec des bâtons, se
sont rendus dans cette maison pour y récidiver leur
tentative, parmi lesquels nous avons entendu répéter
différentes fois : *Vive l'empereur !* en faisant des
signes de menaces contre nous, suivis de propos in-
jurieux. M. le maire, à son arrivée, leur ayant de
nouveau sommé sur le champ de se retirer, à quoi
ces séditieux n'ont point obéi ; et par cette circonstance, nous n'avons pu exécuter les ordres qui nous

avaient été donnés ; et laisser une seconde fois
M. Emery sous la caution du maire jusqu'à Grenoble, observé par deux gendarmes à une grande
distance. Le rassemblement dissipé, nous nous
sommes ensuite retirés, et avons rédigé le présent
procès-verbal en différentes expéditions, pour être
transmises à M. le capitaine de la gendarmerie au
ministère de la guerre, et les autres à qui de droit.

Fait à la côte Saint-André, jour, mois et an que
d'autre part.

Signé CARRIER, maréchal des logis.

MEUNIER, LAHAYE et RÉAUX.

(Il est curieux de voir comment les faits,
constatés par le procès-verbal ci-dessus, sont
présentés dans la pétition des habitans de Grenoble.)

Extrait de la pétition du sieur Regnier, page 13.

« Une occasion favorable se présenta. M. Emery
était cité *comme témoin* dans le procès de M. le lieutenant-général Marchand, qui s'instruisait à Besançon. Au lieu de lui faire signifier la citation par un
simple huissier, on crut devoir lui envoyer cinq gendarmes, qui, le 4 février 1816, vinrent l'arrêter au
Grand-Lemps, *un dimanche, au sortir de la messe.*
Le peuple fit éclater son indignation par des mur-

mures, mais aucune insulte ne fut faite aux gendarmes. Néanmoins le maire, par excès de prudence, dit aux gendarmes qu'il répondait de
M. Emery, et leur donna rendez-vous à un hameau
voisin. Ils partent aussitôt, de plein gré; mais, sur
ces entrefaites, quelques jeunes gens craignant pour
la sûreté de M. Emery, qu'on frappait d'un acte
aussi arbitraire, s'étaient rendus au hameau désigné.
Il paraît que, ne pouvant maîtriser leur inquiétude,
ils tinrent quelques propos aux gendarmes. Cependant
aucune voie de fait n'eut lieu. M. le maire du Grand-
Lemps ayant appris le rassemblement, se transporta
seul au lieu convenu, et fit passer M. Emery par
une route de traverse, par laquelle ce dernier vint
rejoindre les gendarmes.

« Arrivés à Grenoble, M. le maire et M. Emery
se rendirent auprès du préfet, *qui approuva leur conduite, et offrit des troupes au maire pour maintenir
l'ordre dans sa commune.* Celui-ci répondit sur sa
tête de la tranquillité publique, et obtint de M. le
préfet la promesse formelle qu'il ne serait pris aucune mesure extraordinaire. »

N° IX.

A Son Excellence le ministre de la guerre.

Grenoble, le 25 février 1816.

Monseigneur,

J'ai l'honneur de transmettre à Votre Excellence

extrait d'une lettre que je reçois à l'instant de M. le
général Dillon, commandant le département des
Hautes-Alpes. Je n'ai rien à ajouter aux réflexions
de ce général sur cette nomination : elles sont parfai-
tement justes, et je suis convaincu qu'elles auront
l'approbation de Votre Excellence. Le général Dillon
me rend compte, dans cette même lettre, d'un évènement à peu près semblable à celui qui s'est passé
dans le village de Grand-Lemps. Les gendarmes ont
voulu arrêter deux individus prévenus de cris séditieux, dans la commune de *Saint-Amartin*, *près*
Briançon. Tous les habitans se sont réunis, et ont
forcé les gendarmes de se retirer, en les menaçant,
et faisant entendre des cris de rébellion. Ayant fait
sentir aux généraux commandans la nécessité de
savoir prendre, en pareil cas, les mesures les plus
promptes et les plus rigoureuses, le général Dillon
m'annonce qu'il les a employées contre cette commune, en faisant marcher le peu de forces qu'il a
pu faire sortir de Briançon.

N° X.

Paris, le 1er mars 1816.

Monsieur le duc,

La situation du département de l'Isère y néces-
site impérieusement la présence d'une force armée
prise hors de ce département. *Les rébellions à la*
gendarmerie y sont fréquentes et y restent impunies,

faute de moyens de répression. Je supplie Votre Excellence de faire diriger sur ce point, au moins un bataillon de légion départementale, dussent les soldats n'être pas habillés. J'apprends que la légion de l'Indre se porte sur Paris. Elle y sera certainement bien moins utile qu'elle ne l'aurait été à Grenoble. Cette utilité est telle, que je n'hésiterai pas même à provoquer de Votre Excellence l'envoi sur ce point d'un ou deux bataillons de la garde royale elle-même.

Je la prie de prendre ces observations dans la plus haute considération.

Agréez, etc.

Signé le comte DECAZES.

N° XI.

Le lieutenant-général baron Donnadieu, commandant la 7ᵉ division militaire, à Son Excellence le ministre de la guerre.

Grenoble, le 12 avril 1816.

Monseigneur,

Il m'avait été rendu compte, par M. le général Cler, de ce qui était arrivé à Romans, lors du passage du bataillon de l'*Hérault*. Je fis prendre des renseignemens sur le champ, et ceux que je reçus me prouvèrent que ce n'était pas aussi important que cela avait paru l'être. De simples rixes entre quelques individus du pays et des soldats de ce ba-

taillon n'avaient eu aucune suite. Je crus devoir
cependant réunir chez moi MM. les officiers de ce
bataillon, aussitôt leur arrivée à Grenoble, pour
leur faire sentir l'inconvenance de cette conduite,
et qu'*au lieu de servir le Roi par ce zèle exagéré,
c'était au contraire marcher en opposition directe à
ses volontés, et nuire à l'État au lieu de lui être utile;
que la tenue de la troupe devait être impassible;
qu'elle devait montrer partout le calme de la force et
la soumission due aux lois, sans se permettre de les
juger;* qu'aux autorités seules appartenait le droit
de sévir contre ceux qui manquaient à leurs devoirs,
ou qui pouvaient troubler l'ordre; *que le devoir es-
sentiel de la force publique était d'être étrangère à
toutes les passions comme à tous les partis*, et d'o-
béir uniquement à ses chefs. Depuis cette époque,
je n'ai eu qu'à me louer de la conduite de cette
troupe, dont les bons sentimens se sont montrés en
remplissant exactement les ordres que je leur ai in-
timés. C'est un hommage que je leur dois dans le
compte que j'ai l'honneur de rendre à Votre Excellence.

J'ai l'honneur, etc.

Signé baron-DONNADIEU.

N° XII.

MINISTÈRE DE LA GUERRE.

Paris, le 18 mars 1816.

Monsieur, j'ai reçu la lettre que vous m'avez fait

l'honneur de m'écrire le 7 de ce mois, pour m'annoncer qu'il avait été trouvé, dans plusieurs quartiers de Grenoble, des placards séditieux contenant l'annonce de prochaines commotions politiques. *Vous avez eu raison de ne point attacher à ces tentatives impuissantes de l'esprit de faction plus d'importance qu'elles ne méritent.* Il suffit, pour qu'elles n'aient aucune suite sérieuse, que les autorités y opposent au-dehors une contenance ferme, et, en secret, une vigilance active et soutenue. On doit mettre également toute l'activité possible à rechercher et à poursuivre juridiquement les auteurs de ces délits obscurs, que quelques exemples justement appliqués finiront par rendre de plus en plus rares.

J'ai l'honneur d'être, etc.

Signé le duc DE FELTRÉ.

N° XIII.

Extrait du rapport fait par le vicomte Donnadieu, à Son Excellence le ministre de la guerre, le 16 mai 1816.

Le seul homme capable de tirer un très-grand parti de ce genre de guerre, et qui déjà l'avait faite dans ce pays-ci avec succès contre les Autrichiens, est venu se mettre à ma discrétion (l'ex-colonel des chasseurs des Alpes, Gautier). Il m'a assuré sur son honneur qu'il n'avait pris aucune part à cette rébeltion. Jusqu'à présent, il est vrai qu'aucuns rapports ne m'ont fait connaître qu'il en eût fait partie. Cependant, il m'a avoué que la proposition lui en avait été faite par le nommé *Didier*, *que celui-ci lui avait dit qu'ils étaient dix-sept commissaires extraordinaires envoyés par la société de l'Indépendance nationale, dans toutes les provinces de la France* (1).

Cet officier m'a paru de bonne foi dans les aveux qu'il me faisait, et m'a assuré que, m'ayant donné sa parole d'honneur de rester tranquille, il était incapable d'y avoir manqué; qu'il avait rejeté toutes ces propositions, en assurant à Didier qu'il ne voyait dans cette tentative que des piéges des étrangers pour avoir encore une occasion de subjuger la France, et qu'il aimait trop sa patrie pour se prêter en rien à ce qui pourrait produire de semblables résultats. Les mêmes ouvertures ont été faites au chef de bataillon d'artillerie Rey, homme extrêmement entreprenant, doué d'une grande intelligence, et qui les a également repoussées, pour les mêmes motifs, à ce qu'il m'a assuré.

Il serait peut-être possible, monseigneur, de tirer parti de ces hommes, et, quoiqu'ils aient mal figuré dans l'interrègne, de les attacher peut-être sincèrement par honneur au service du Roi, auquel ils

_____

(1) Le général ne pouvait pas connaître alors le rapport que M. de Sainneville avait adressé à M. Decazes, le 5 février 1816.

pourraient être très-utiles. J'aurai l'honneur de parler plus en détail de ces officiers à Votre Excellence (1).

N° XIV.

Extrait des procès-verbaux du conseil-général du département de l'Isère.

(Séance du 4 juin 1816.)

M. le président a dit :

« Messieurs,

« Les évènemens de la nuit du 4 au 5 mai sont
« connus de vous. Une révolte à main armée a trou-
« blé la tranquillité de Grenoble et menacé celle du
« département.

« Les suites de cet attentat pouvaient devenir in-
« calculables, si les factieux n'eussent vu leurs com-
« plots déjoués au pied de nos murs.

« Ce succès est dû à M. le lieutenant-général
« commandant la 7ᵉ division, à M. le préfet, aux
« légions de l'Isère et de l'Hérault, aux dragons de
« la Seine, à la garde nationale à pied et à cheval,
« à la compagnie départementale et à la gendarmerie
« stationnée à Grenoble.

_____

(1) Cette Pièce est une nouvelle preuve des excellentes dispositions du général Donnadieu, dans tous les actes de son
commandement.

« Les troupes de la garnison, accourues au pre-
« mier bruit de nos dangers, ont donné des preuves
« éclatantes de fidélité et de courage. Les gardes
« nationales à pied et la compagnie départementale
« n'ont pas montré moins de bravoure, en empor-
« tant le poste de la Bastille. Le même éloge est mé-
« rité par la garde nationale à cheval. Tous nous
« rendirent, dans cette nuit fatale, et ne cessent de
« nous rendre des services signalés.

« Nous n'oublierons jamais le zèle généreux de
« la garde nationale de Lyon. Elle abandonna ses
« foyers pour voler à la défense des nôtres. Ils vou-
« laient partager nos périls et coopérer à notre déli-
« vrance.

« Cette réunion de vrais Français a écarté de nous
« d'affreuses calamités et dissipé nos craintes. Tous
« ont des droits à notre reconnaissance. Je vous in-
« vite, messieurs, à examiner quels seraient les
« moyens d'en acquitter la dette. »

Cette proposition a été mise en délibération.

*Le conseil-général, pénétré de la grandeur et de
l'importance des services rendus au département dans
la nuit du 4 au 5 mai; désirant offrir un hommage
public*

*Au dévoûment, aux excellentes dispositions mili-
taires et à l'intrépidité de M. le vicomte Donnadieu,
lieutenant-général commandant la 7ᵉ division,*

Arrête :

1° Au nom du département de l'Isère, il sera

offert à M. le vicomte Donnadieu, lieutenant-général commandant la 7ᵉ division militaire, *une épée* sur
laquelle sera gravée cette légende :

Nuit du 4 au 5 mai 1816.
Le département de l'Isère sauvé,
Au général Donnadieu.

2° Le conseil-général se rendra en corps auprès
de M. le lieutenant-général vicomte Donnadieu, pour
lui offrir l'extrait du procès-verbal exprimant les témoignages de la reconnaissance des habitans de l'I-
sère.

Ainsi arrêté, à l'unanimité, à Grenoble, dans une
des salles de l'hôtel de la préfecture, les jour et an
que dessus.

> *Signé* ROYER aîné, conseiller de préfec-
> ture; DAVID, MICHOUD père, ROGNAT
> père, PASQUIER aîné, PICOT LA BEAUME,
> DARBON, conseiller de préfecture; FAR-
> CONNET RICHEMOND, VALLIER, PÉCOUD,
> ACCOYER, PLANELLI DE LA VALETTE,
> maire de Grenoble; MAUREL, président
> à la Cour royale; SIBUEL DE SAINT-FÉ-
> RÉOL père; DE TRIVIE, DU BOUCHAGE
> (Humbert), DE MOIDIEU.

Le président du conseil-général,
signé PLANELLI DE LA VALETTE.

Le secrétaire du conseil-général,
signé DARBON.

N° XV.

MINISTÈRE DE LA GUERRE.

Paris, 6 juin 1817.

Monsieur le vicomte, j'ai reçu la lettre que vous m'avez fait l'honneur de m'écrire le 28 mai dernier, en réponse à la mienne du 20.

Vous m'informez que, dans la scène qui a eu lieu entre M. le chef d'escadron de gendarmerie de Vin-zelles, et quelques officiers en non activité, cet officier supérieur a tenu une conduite inconsidérée et des propos inconvenans; qu'en conséquence, *vous vous proposez de lui ordonner pour un mois les arrêts de rigueur.*

J'approuve cette disposition, et je ne puis qu'applaudir aux principes développés dans votre lettre, et qui vous ont conduit à juger nécessaire cet acte de sévérité.

J'ai l'honneur d'être, etc.

Signé le maréchal duc de FELTRE.

N° XVI.

MINISTÈRE DE LA GUERRE.

Paris, 21 février 1817.

Monsieur le vicomte, j'ai reçu la lettre que vous m'avez fait l'honneur de m'écrire, le 15 du courant, avec les deux pièces qui s'y trouvaient jointes. *J'ai communiqué à Son Excellence le ministre de la police générale*, les observations et les faits que renferment les unes et les autres, que semblent confirmer des renseignemens venus du dehors, et que vous penchez à considérer comme les indices d'une agitation nouvelle et prochaine dans la division que vous commandez. Ce ministre ne manquera pas de donner à vos remarques toute l'attention qu'elles peuvent mériter, et dont les élémens particuliers de comparaison dont il dispose, lui permettent d'apprécier le plus ou moins d'importance. Je ne puis, en ce qui me concerne, que vous recommander la continuation de votre système de vigilance, et une observation soutenue de tous les symptômes d'agitation et de malveillance qui seraient de nature à éclairer les ministres de Sa Majesté sur l'état réel des choses.

J'ai l'honneur d'être, etc.

Signé le maréchal duc DE FELTRE.

N° XVII.

MINISTÈRE DE LA GUERRE.

Paris, 26 mai 1817.

Monsieur le vicomte, j'ai reçu, avec la lettre que vous m'avez fait l'honneur de m'écrire, le 17 du courant, le rapport qui y était joint, relatif à des scènes séditieuses qui ont eu lieu à Voiron et aux environs. Je vous remercie de l'envoi de cette pièce, *que je me suis empressé de communiquer à Son Excellence le ministre de la police générale.* J'attends les renseignemens ultérieurs que m'annonce votre lettre.

J'ai l'honneur d'être, etc.

Signé le maréchal duc DE FELTRE.

N° XVIII.

11 Juillet 1817.

Monsieur le maréchal,

Pour répondre entièrement aux observations de Son Excellence, contenues dans sa lettre du 5 du courant, j'ai l'honneur de lui adresser ci-joint les déclarations du capitaine Bonafoux, renfermées dans la lettre qu'il vient de m'envoyer à l'instant. J'ajouterai que, jusqu'à ce jour, cet officier ne m'a jamais trompé dans les renseignemens qu'il m'a donnés, et que, *l'ayant dépêché à Lyon pour donner au général Canuel des informations sur le complot qui a été tramé en dernier lieu dans cette ville,* ce général m'a écrit qu'il avait reçu de lui des détails extrêmement utiles qui l'avaient mis à même de faire de nouvelles découvertes sur tout ce qui intéressait dans cette ville le bien du service du Roi et la tranquillité publique, etc.

N° XIX.

Nous publions ces deux pièces en regard

l'une de l'autre, pour que le lecteur puisse reconnaître toutes les variantes plus facilement.
Le lecteur doit surtout comparer le style de la
déclaration manuscrite et celui de la déclaration imprimée. Il faut ajouter que cette dernière était suivie, dans le volume publié
en 1819, d'une note ainsi conçue : « Je certi-
« fie que les pièces de déclaration ci-dessus sont
« les *copies fidèles* des déclarations qui m'ont
« été faites par le nommé *Châtelain*, et qui
« sont entre mes mains.

« *Signé* le maréchal duc DE RAGUSE. »

DÉCLARATION IMPRIMÉE DE CHATELAIN.	DÉCLARATION MANUSCRITE DE CHATELAIN.
	J'ai l'honneur d'exposer à Votre Excellence les faits dont j'ai été témoin dans les malheureux évènemens qui ont eu lieu à Lyon en 1816.
La légion dont je faisais partie reçut l'ordre de partir pour Lyon, du 11 au 15 octobre 1816. Nous partîmes de Clermont-Ferrand le 15 décembre 1816, et arrivâmes le 19 du même mois.	La légion dont je faisais partie reçut l'ordre de partir de Clermont en Auvergne, dans la première quinzaine de décembre 1817, pour se rendre à Lyon, où nous arrivâmes le 19 dudit mois.
Quelques jours après mon arrivée à Lyon, M. le comte de la Besse,	Ce fut quelque temps après, que mon colonel me fit appeler chez lui, où il me dit qu'il comptait sur

9

mon colonel, me fit appeler chez lui. Il me fit part de son intention, me dit qu'il existait une conspiration contre le gouvernement. Je lui dis que je n'avais aucune connaissance de ce qui se passait. Connaissant mon dévoûment pour la famille royale, il m'ordonna de tâcher de savoir ce dont il était question. Il me donna à ce sujet toute la liberté possible. Il m'envoya chez un avocat demeurant près de l'église Saint-Jean, sur la place, avec ordre de suivre exactement tous les ordres qu'il pourrait me donner.

Je me rendis chez cet avocat, qui me reçut avec bonté. Il me dit que M. le comte de la Besse m'ayant désigné comm son sujet le plus fidèle et le plus prononcé pour la cause royale, leur projet était de me faire entrer dans cette conspiration, par la voie d'une femme dont j'ignore le nom, mais qui était la mère du commis de l'avocat. Je promis de suivre mes

moi pour déjouer une conspiration qui tendait à renverser le gouvernement légitime. Je lui jurai sur mon honneur de faire tout mon possible, et que je n'épargnerais pas même le sacrifice de ma vie pour être utile à mon pays; que servir mon pays avait toujours été un besoin pour moi, et qu'aujourd'hui, comme autrefois, j'étais prêt à verser mon sang pour sa défense.

Il me remit à cet effet un écrit, et m'envoya chez M. Roch, avocat. Cet avocat devait me mettre en rapport avec une femme qui était la mère de son clerc. Cette femme devait m'introduire dans cette trame, comme ancien militaire de l'ex-garde, et porté à seconder les opérations des conspirateurs.

Je fus deux fois chez cet avocat, où cette femme ne se trouva point, par rapport au mauvais temps; mais son fils s'y trouva, et me dit que sa mère me ferait appeler à temps. L'avocat me dit, en outre, qu'il existait une conspiration contre le gouvernement légitime, que mon colonel lui avait parlé de moi comme d'un homme sur lequel l'on pouvait compter, et m'engagea à m'habiller en bourgeois, pour être plus libre dans plusieurs endroits où il fallait aller, et inspirer plus de confiance aux conspirateurs.

Dans cet intervalle, je fis connaissance du sieur Grangier, qui

ordres, mais que je voulais servir le Roi avec honneur et probité ; que servir mon pays avait toujours été mon premier besoin ; qu'aujourd'hui, comme autrefois, j'étais prêt à verser mon sang pour sa défense, et je puis attester que jamais mes armes et mes mains n'ont été tachées du sang d'aucun innocent. M. l'avocat me dit qu'il fallait m'habiller en bourgeois, pour mieux découvrir les agens de cette conspiration, ce que j'exécutai avec ponctualité, d'après les ordres de mon colonel.

Quelques jours après, mon colonel me fit appeler de nouveau chez le maire de la Guillottière, demeurant place Bellecour. Ce dernier me fit part de ses intentions, qui étaient d'espionner la conduite de ce qui se passait chez un restaurateur demeurant aux Brotaux. Je promis de faire mon possible pour exécuter son ordre, que j'éludai cependant, le jugeant contraire à mon caractère de soldat.

était l'ami de mon beau-frère. Grangier ne tarda pas à me faire les propositions d'un grade de chef de bataillon, en me disant que le gouvernement était perdu sans ressource ; que le prince Eugène devait seconder leurs projets ; que Paris, Strasbourg, Bordeaux, La Rochelle, Marseille, Nantes et Lyon, en un mot, toutes les villes de France, devaient se révolter le même jour. D'après l'ordre que j'avais reçu, j'acceptai de suite sa proposition, et je fus, dès le jour, en rendre compte à mon colonel, qui fut très-satisfait de ma découverte. Alors je n'eus plus besoin de retourner chez cet avocat, pour qu'il me mît en rapport avec les conspirateurs, puisque Grangier m'avait introduit de lui-même.

Je travaillai *pendant cinq* mois, jour et nuit, pour cette malheureuse affaire, et toujours à mes propres frais et aux périls de ma vie.

Mon colonel ayant appris que je n'avais pas exécuté les ordres en main, m'en fit des reproches.

Je fus nommé instructeur de la compagnie départementale du Rhône. J'y demeurai trois mois et demi ; plusieurs habitans me connurent là.

Un nommé *Grangier*, charpentier en Vaise, vint me demander au quartier Perrache. Ne m'ayant pas vu, il vint à la caserne de la compagnie départementale, avec un autre homme, me conduisit à l'auberge du *Poisson du Rhône*, sur le quai Perrache. Ils me firent part de leurs projets, me dirent qu'ils étaient chargés par leurs chefs de m'offrir le grade de chef de bataillon. Le

L'on organisa dans le même temps la compagnie départementale de Lyon. Cette compagnie est formée de jeunes gens. Le commandant de cette compagnie, M. le comte de Serturier, m'ayant vu commander l'exercice, fit la demande au colonel du régiment dont je faisais partie, pour qu'il me permette d'instruire la compagnie, et M. le colonel m'ordonna d'y aller, et je fus, à cet effet, exempté de service au régiment pendant trois mois et demi. J'ai avec zèle et exactitude démontré l'exercice à cette compagnie, où j'allais deux ou trois fois par jour à la manœuvre, et j'étais seul instructeur.

Les conspirateurs m'ayant vu commander l'exercice, conçurent entr'eux de me mettre dans leur trame. Grangier leur dit que j'étais déjà prévenu, et que j'étais des leurs. Dès le jour même, Grangier vint au quartier de la garde départementale, pour m'apprendre cette nouvelle. Ne m'ayant pas trouvé, Grangier fut au quartier Perrache, où était casernée la légion, pour demander après moi. Il ne me trouva pas. Il revint le lendemain ; ayant trouvé un sergent de ma compagnie, nommé *Gauchet*, il le pria de me venir chercher. Ce dernier m'ayant trouvé, me mena à l'auberge du *Poisson du Rhône*, là où Gran-

même jour, je fus admis dans leur réunion, et confirmé dans mon grade, *ce que j'acceptai, d'après les ordres du général Canuel*. Je passai une partie de la nuit dans cette société. Je fus de suite chez mon colonel. Je le fis réveiller, et lui dis qu'un fidèle serviteur du Roi venait lui rendre compte d'une mission dont il l'avait chargé, sans cependant lui indiquer les personnes qui composaient la société, ni le lieu de la réunion. Je le priai d'en rendre compte au général Canuel. Je lui promis de rompre moi-même le fil de cette conspiration; rien ne m'était plus facile. *Il me défendit de rien dire qui pût entraver la marche de cette affaire, d'après l'ordre du général Canuel.*

Pendant quatre à cinq mois, j'ai entretenu cette trame sans compromettre personne. Enfin le jour arriva où elle devait éclater. Je prévins les autorités civiles et mili-

gier et un autre agent de cette trame infâme m'attendaient. Ils me demandèrent rendez-vous au café des Colonnes, aux Célestins, où je me rendis le soir même. Là, ils me dirent que les principaux chefs de cette conspiration m'avaient adopté, et qu'ils m'attendaient pour me donner des ordres et me faire connaître à la société.

Ils me conduisirent au café Joly, rue de l'Hôpital; là je fus présenté à la société par Grangier et son camarade, qui était avec lui; Vernay se leva, et me félicita du grade que j'allais occuper; Jacquit paraissait le premier intendant; on l'appelait *colonel*; mais Vernay me l'appelait qu'*Auguste*; Vernay et Grangier me demandèrent l'opinion de la troupe; je leur dis que je répondais de ma compagnie, et promis à Jacquit de faire tout ce que je pourrais de mon côté.

Leur but était d'abord d'enlever, d'assaut, le quartier Perrache, où nous étions, la légion de la Loire-Inférieure, un bataillon. Jacquit fit d'abord l'ingénieur, et me dit qu'il viendrait dès le lendemain, prendre position du quartier, et voir comment il était construit, et Gran-

taires de tout ce qui se passait, du jour, de l'heure. Je remis à mon colonel les mots d'ordre et de passe, que j'avais reçus des sieurs Jacquit et Vernay, agens de cette trame.

Jacquit était venu dîner avec moi, dans ma chambre, au quartier Perrache. Il etait donc bien facile de l'arrêter, puisqu'il était dans ma chambre, au milieu d'une compagnie de grenadiers sur lesquels on pouvait compter. *Le but du général Canuel était que je réunisse la populace et les agens de cette trame dans un lieu où on pourrait les cerner et les massacrer tous.* Ce que je n'ai point exécuté, vu qu'il avait pour but de répandre lâchement le sang français. Cependant, quand la cause est juste, tous les moyens sont bons pour les détruire. Mais je puis attester sur ma tête que ces malheureux il étaient poussés que par la misère et les fausses promesses, et non par l'envie de détruire notre gouver-

gier proposa de l'accompagner.

Notre conversation fut longue ce soir là; elle dura jusqu'à deux heures du matin, et à trois heures, j'étais aux pieds de mon colonel, pour l'instruire et lui dire de prévenir le général Canuel de ce qui se passait; je lui dis que deux d'entr'eux devaient venir me voir le jour même au quartier; ainsi il etait donc bien aisé de les arrêter, puisqu'ils viendraient dans ma propre chambre, au milieu d'une compagnie de grenadiers, dont je peux garantir leur dévoûment sans bornes à la Famille royale.

Mon colonel me dit que ce n'était pas assez d'en prendre deux, qu'il fallait les prendre tous.

Jacquit et Grangier vinrent au quartier, comme ils me l'avaient promis. Les bourgeois n'entraient point au quartier; mais mon colonel avait donné l'ordre à l'adjudant-major de laisser entrer au quartier tous les bourgeois qui demanderaient après moi. On laissa donc entrer Jacquit et Grangier; quand ils furent dans ma chambre, Jacquit examina, ou fit semblant d'examiner l'intérieur et l'extérieur du quartier. Ma chambre donnait sur la prairie, vis-à-vis du pont de la Mulotière, et avait une fenêtre sur le derrière, où il n'y avait jamais de factionnaire, et n'était qu'à six pieds de terre. J'avais dans ma chambre plusieurs fusils des hommes aux hôpitaux, et même des cartouches de ces mêmes hommes, celles de mon fourrier et les miennes

nement légitime ; c'est d'après ces notions que j'ai basé ma conduite, et non d'après les ordres de mes chefs.

Grangier, Vernay, Buglette, etc., me doivent la vie : j'en appelle à leur témoignage. Je fus plusieurs fois, et malgré l'ordre de mes chefs, les voir et les consoler à la prison de Roanne, et leur ai promis d'aller demander leur grâce à M. le duc de Raguse. J'ai servi en Espagne sous ses ordres.

Je me suis présenté chez lui avec une pétition dans laquelle je me rappelais à son souvenir. Mon but était, par cette même occasion, d'intercéder en faveur des malheureuses victimes de leur faiblesse. Ma demande fut infructueuse : son aide de camp prit mes pièces à la porte de sa chambre. A mon grand regret, je me vis dans l'impossibilité de rien faire pour ces malheureux.

sur une table ; Jacquit ayant aperçu des armes, des munitions, me demanda s'il était possible de lui en fournir ; je lui promis, d'après l'ordre que j'avais reçu de mes chefs, de leur offrir tout ce qu'ils me demanderaient, pour leur inspirer plus de confiance. Jacquit et Grangier furent très-contens de ma proposition ; j'étais obligé d'agir comme ça pour tromper ces infâmes agens. Quand la chose est injuste, tous les moyens sont bons pour la détruire. Jacquit ayant examiné la fenêtre, me dit : « Bon ! voilà une fenêtre « qui peut seule favoriser notre en- « trée au quartier, si vous voulez « faire ce que je vais vous dire ; il « faut nous faire entrer par cette fe- « nêtre ; ici nous trouverons des « armes, des cartouches, et nous « pourrons, sans peine, désarmer « les soldats en entrant dans leur « chambre, les prendre endormis, « et nous rendre maîtres du quar- « tier. »

Dès-lors, je conçus moi-même l'idée d'arrêter seul la conspiration ; je leur promis tout ce qu'ils me demandèrent. Mon idée était de les faire monter dans ma chambre, où à côté, en bas, il existait une grande chambre où je les aurais fait passer à fur et à mesure qu'ils auraient monté ; car, dans ma chambre, elle ne pouvait tout au plus contenir que quatre hommes ; quand ils auraient tous été montés, j'aurais fermé la porte sur eux ; j'avais, pour cet effet, fait coucher ma compagnie habillée ; et ils auraient été arrêtés sans répandre une goutte de sang.

Je les ai attendus plus de quinze
jours, toutes les nuits; mais jamais
personne n'est venu, ni pour prendre les cartouches, ni les armes, ni
prendre d'assaut le quartier Perrache; ce qui m'a fait voir depuis
que Jacquit était un agent du général Canuel; car j'avais communiqué mon projet à mon colonel, qui
en aura instruit le général Canuel,
et le général Canuel aura défendu
à son agent de venir ni d'envoyer
personne chercher ce que je leur
avais promis; car cela aurait arrêté
tous leurs affreux complots, et empêché qu'ils n'aillent jusqu'à la fin.
Ce n'est qu'ici à Paris que toutes ces
réflexions me sont venues, d'après
ce que j'ai vu et ce que m'ont fait
voir plusieurs dépositions des victimes de ces malheureux évènemens.(1).

Enfin le 8 juin arriva, jour de
malheur pour bien des familles. Je
quittai Jacquit et Vernay au café
Joly, sur les quatre ou cinq heures
du soir. Quand j'arrivai au café,
Jacquit était seul, et paraissait tout
affligé. Vernay entra et lui dit :
« Nous sommes perdus; nous avons
« été vendus; mais les ordres ont
« été donnés, et dans une heure,
« toutes les campagnes seront révol-
« tées; et le tocsin sonnera dans

_____

(1) Aucun fait contre le général
n'est ici articulé, Châtelain ne semble donner que son opinion personnelle.

« tous les villages, et les paysans « vont fondre sur Lyon. »

Je savais avant que c'était le 8 juin que devait éclater cette conspiration, et j'avais instruit les autorités civiles et militaires de se tenir sur leurs gardes. Je quittai Jacquit et Vernay. Jacquit me remit le mot de passe, d'ordre, et une espèce de petit papier imprimé, où il y avait, d'un côté, la déesse de la liberté.

Je fus de suite chez mon colonel; je lui fis part de tout, et lui remis cette espèce de passe. Toutes les troupes prirent les armes, et moi-même je fus de garde aux pièces de canon à l'arsenal, et l'intérieur de Lyon resta dans la plus parfaite tranquillité.

Le 8 juin, M. le capitaine Ledoux succomba dans la rue Mercière. Les agens de cette trame m'avaient dit, le même soir, qu'ils avaient reçu une somme de 20,000 fr. pour subvenir aux dépenses de cette affreuse trame, et pour solder et encourager les malheureux entraînés dans cet insensé projet.

Je déclare n'avoir rien reçu, et avoir dépensé, au contraire, une somme bien au-dessus de mes forces, pour faire face aux dépenses que nécessitait

Le capitaine Ledoux avait, dès le matin, quitté Lyon, et était allé au village de Charbonnières. Plusieurs m'ont dit l'avoir vu sortir le matin même de chez M. le lieutenant-général Canuel, ce qui l'avait fait suivre jusqu'au faubourg de Vaise, l'avait attendu jusqu'à son retour, et ce sont les mêmes personnes qui lui ont brûlé la cervelle, rue Mercière.

Plusieurs personnes m'ont aussi dit qu'il avait reçu 20,000 fr. pour distribuer aux agens provocateurs.

Je sais que les ouvriers *charpentiers, chapeliers* et autres, qui étaient pour faire partie de cette trame, étaient payés à quarante sous par jour; mais je n'ai jamais su par qui. Il faut nécessairement que le capitaine Ledoux eût part à tout

une pareille mission.

La conduite qu'a te-
nue le capitaine Daril-
lon, commandant le
détachement de la 42ᵉ
légion, lors de l'exé-
cution du capitaine Ou-
din, m'ayant tout à
fait dégoûté et répu-
gné, me força à de-
mander mon change-
ment de régiment.

Je jure, sur mon
honneur et conscience,

cela; car, le 8 juin, où toutes les
troupes étaient sous les armes, et
les chefs étaient prévenus depuis
plus de quinze jours, pourquoi le
capitaine Ledoux n'était-il pas à la
tête de sa compagnie? Pourquoi a-
t-il choisi le jour où il devait être,
comme chevalier de Saint-Louis, le
premier à défendre notre cause légitime, a-t-il été au village de Charbonnières? Et pourquoi, lors de son
retour, au lieu de rejoindre son
poste honorable, a-t-il roulé tous
les cafés de Lyon? Et les dernières
paroles du capitaine Oudin confir-
ment que le capitaine Ledoux était
leur chef principal. Jacquit me disait toujours qu'il recevait journel-
lement les ordres d'un chef que son
rang, ses qualités ne permettaient
pas de se présenter parmi nous. J'ai
toujours présumé que ce chef illustre
n'était autre que le capitaine Ledoux; car le capitaine Ledoux était
tous les jours chez le général Canuel;
il y entrait en habit militaire, et
plusieurs personnes m'ont dit l'en
avoir vu sortir en habit bourgeois.

Le 8 juin même, notre légion
fournit un détachement pour le village de Saint-Genis-Laval et de
Saint-Andéole; vous savez, monseigneur, leur conduite et celle du
capitaine Darillon, ensuite la conduite qu'ont tenue les soldats de la
légion qui étaient de garde à la prison Saint-Joseph, sous le commandement de M. Bousquet, sous-lieutenant de la légion, un malheureux
paysan, qui fut tué par le nommé
Bernard, fourrier de ladite légion.

que les faits contenus sont vrais. Je peux, de plus, donner des preuves de ce que j'avance (1).

Signé CHATELAIN.

18 juillet 1818.

———————

(1) Il est facile de remarquer combien cette prétendue déclaration de Châtelain, qui est telle qu'elle a été produite pour la défense de MM. Fabvier et Sainneville, ressemble peu à celle qui, d'abord, avait été obtenue de Châtelain, à force de promesses. On remarque surtout que les passages qui sont ici en lettres italiques n'étaient pas même indiqués dans la première déclaration.

Cette manière de servir me fit naître quelques soupçons sur la conduite que les chefs avaient tenue envers les malheureuses victimes des piéges qu'on leur avait tendus.

M. le général Canuel fut appelé à Paris; mon colonel aussi fut appelé.

Dans cet intervalle, S. Exc. le duc de Feltre accorda deux congés de semestre par compagnie. J'en obtins un, et je partis pour mon pays, en congé de semestre; je ne voulais pas partir sans pièces qui pouvaient attester ma conduite dans les malheureux évènemens de Lyon. Je fus chez M. le prévôt Desutte, à qui mon colonel avait rendu compte de ma conduite, et j'obtins le certificat dont la copie ci-jointe. Je pris la route de Paris, en vendant ma montre, mes effets, et jusqu'à mes chemises, pour faire ma route de Lyon à Paris, et de Paris à Nantes. Je croyais trouver à Paris mon colonel; il était parti, et j'eus recours chez le général Canuel, rue d'Orléans Saint-Honoré, hôtel des Sept-Frères. *Je lui fis quelques reproches* de la manière dont on me délaissait, et j'obtins la lettre dont la copie est ci-jointe. Je ne reçus de lui autre secours que cette lettre. Je pris la route de Nantes. En route, je rencontrai au Mans, heureusement pour moi, mon oncle le général Châtelain, dit *Tranquille*, à qui je communiquai une partie de mes peines, et il demanda à Son Excellence mon changement de corps pour mon grade de sergent-major, grade que j'occupais à l'armée depuis huit ans, et je ne suis été admis que comme caporal dans le 5ᵉ régiment d'infanterie de la garde royale, dont je fais partie (1).

Observations sur les services de Châtelain.

Monseigneur, telle est l'exacte vérité, et je n'ai pas balancé à déclarer dans le temps que la conspiration de Lyon avait été provoquée, et que les ouvriers de la ville, comme les habitans des campagnes, n'avaient jamais cru conspirer contre la légitimité. Comme militaire, j'ai dû obéir à mes chefs; ce n'est pas à moi à qui il appartient de censurer leur conduite. Je me borne seulement à solliciter très-humblement de Votre Excellence votre justice et votre bienveillante protection pour une augmentation de grade si souvent méritée sur le champ de bataille, par mon attachement pour mon Souverain et mon entier dévoûment à ma patrie (2).

_____

(1) Châtelain n'a point signé cette déclaration ; il en était dispensé par la lettre du 17 juillet (page 49).

(2) Tout le passage imprimé ici en lettres italiques, est écrit dans la pièce originale de la main d'un agent attaché au ministère de la police.

N° XX.

Paris, le 2 avril 1818.

Général, je réponds à la lettre que vous m'avez fait l'honneur de m'écrire le 1er de ce mois.

A compter de cette époque, vous êtes disponible ; vous devez, en conséquence, recevoir le traitement d'expectative de votre grade, jusqu'au moment où le Roi aura jugé convenable de vous donner une nouvelle destination.

Quant à votre seconde demande, je vous préviens que Sa Majesté admet les officiers-généraux qui sont à Paris à lui présenter leurs hommages tous les jours, à l'issue de la messe, et notamment le lundi, sans qu'il soit besoin d'une présentation particulière par le ministre de la guerre ; mais dans le cas où ce serait une audience que vous désireriez obtenir de Sa Majesté, je dois vous faire observer que c'est une faveur fort grande qu'elle n'accorde que très-rarement et à fort peu de personnes. Si tel était cependant votre désir, je vous prie de m'en instruire, afin que je puisse à cet égard prendre les ordres du Roi, lors de mon prochain travail avec Sa Majesté.

J'ai l'honneur d'être, etc.

Signé le maréchal GOUVION SAINT-CYR.

N° XXI.

Paris, le 4 avril 1818.

Général, j'ai eu l'honneur de vous prévenir, par ma lettre du 2 de ce mois, que jusqu'à nouvel ordre du Roi, vous êtes compris au nombre des officiers-généraux disponibles.

Je vous invite à me faire connaître dans quel lieu vous désirez jouir du traitement de disponibilité, afin que je donne les ordres nécessaires pour que vous soyez porté sur les revues de la division où vous aurez fixé votre résidence.

J'ai l'honneur d'être, etc.

Pour le ministre,

Le directeur du personnel,

Signé GENTIL-SAINT-ALPHONSE.

N° XXII.

Paris, le 13 avril 1818.

Monsieur le vicomte, en réponse à la lettre que vous m'avez adressée le 3 de ce mois, j'ai l'honneur de vous prévenir que Sa Majesté, à qui j'ai fait part de votre désir d'obtenir une audience, n'a pas jugé à propos de vous l'accorder.

J'ai l'honneur d'être, etc.

Signé le maréchal GOUVION SAINT-CYR.

N° XXIII.

Extrait des dernières conclusions de MM. Comte et Dunoyer.

« Attendu que le secrétaire-général leur ava fait dire que ce n'était pas le ministre de la police qui les faisait poursuivre, qu'il s'était, au contraire, opposé de tout son pouvoir à leur arrestation *ultrà royaliste;* que si les pièces insérées dans le volume, sur les missionnaires et les désordres commis à Lille par *des officiers vendéens*, étaient produites, cela nuirait beaucoup à la chose publique, parce que, dans les circonstances actuelles, les plus petites choses pourraient amener les plus grands évènemens ; adjuger aux appelans les conclusions qu'ils ont précédemment prises.....

« Subsidiairement, leur donner acte du dépôt qu'ils font *des pièces qui leur ont été remises de la part du ministère*, pour être insérées dans leur 3e volume, *par M. Mirbel, aujourd'hui secrétaire-général*, écrites en partie de sa main, et signées et paraphées par les appelans ; leur donner acte des faits précédemment exposés ; et dans le cas où ils seraient contestés par le ministère public, les *admettre à en faire la preuve*. »

Nº XXIV.

A Son Excellence le ministre de la guerre.

Grenoble, le 25 novembre 1816.

Monsieur le maréchal,

Si M. de Chantran, lieutenant de Roi de la place de Grenoble, eût suppléé par la dignité de son caractère personnel à l'insuffisance de son grade, pour une place aussi importante que sa nombreuse garnison, je n'aurais pas insisté aussi pressamment auprès de Votre Excellence pour demander son changement ; mais cet officier est bien loin de la tenue convenable à la place qu'il occupe. Il s'est tellement compromis, par ses graves inconséquences, aux yeux de toute la garnison, qu'il y est entièrement déconsidéré, et par conséquent incapable d'exercer aucune espèce de police envers les officiers, comme envers la troupe, qui se jouent de lui.

J'ose, en conséquence, croire que Votre Excellence jugera comme moi qu'il est absolument nécessaire que cet officier quitte la place de Grenoble, ce que j'ai l'honneur de lui demander, etc., etc.

Signé DONNADIEU.

N°. XXV.

MINISTÈRE

De la police générale.

(*Cabinet. — Confidentiel.*)

Paris, 31 janvier 1816.

SIRE,

Les nombreuses réclamations qui me sont parvenues de la part des ex-conventionnels qui se plaignent de *l'application irrégulière qui leur aurait été faite de la loi du 12 janvier 1816*, nécessitent que je prenne les ordres de Votre Majesté sur quelques questions que ces réclamations présentent.

Des préfets ont cru devoir appliquer la loi à des ex-conventionnels dont les noms avaient été inscrits sur le registre des acceptations de l'acte additionnel, d'une autre main que de la leur.

Le mot *fonctions* est général, et il comprend tous les emplois quelconques qui ont été occupés pendant les cent-jours; mais *ici la lettre de la loi paraît en opposition avec son esprit*; il semble évident que la

Monsieur le préfet, je vous ai laissé, dès le 13 de ce mois, *la plus grande latitude* relativement à la délivrance des passe-ports pour l'extérieur, aux personnes comprises dans l'art. 7 de la loi d'amnistie. Déjà plusieurs en ont réclamé et sont parties; d'autres vont les suivre, mais d'autres aussi hésitent et *invoquent des exceptions et des décisions favorables, que, pour la plupart, la loi du 12 janvier ne saurait ni comporter ni admettre.*

Vous aurez remarqué que, dans l'article concernant les régicides, il n'est pas question seulement des employés, mais aussi *des fonctions qu'ils auraient acceptées sous l'usurpateur. Ici l'interprétation n'est pas douteuse; et s'il y a lieu de consacrer une exception, ce sera seulement en faveur de ceux qui, se vouant à des œuvres de charité, n'auraient occupé que des places dans les hospices; mais les fonctions d'électeurs, de mem-*

10

loi n'a voulu atteindre que les individus qui avaient occupé des fonctions politiques.

Il en doit être de même, à mon avis, pour toutes les fonctions de membres des hospices, des conseils municipaux et de toutes autres municipales non salariées, ou qui n'étaient pas nommées par l'usurpateur.

Je ne pense pas que l'exercice d'un droit, de celui d'électeur, puisse être assimilé à l'exercice de fonctions publiques qui, d'après les termes mêmes de la loi, doivent avoir été acceptées de l'usurpateur.

D'après ces observations, j'ai l'honneur de proposer à Votre Majesté qu'elle veuille bien consacrer en principe que les dispositions pénales de l'article 7 de la loi du 12 janvier 1816, ne lui paraissent pas devoir être applicables.

1º A ceux des conventionnels déjà frappés par des mesures individuelles, qui n'ont point souscrit de leurs mains à l'acte additionnel, et dont le nom a été seulement inscrit d'office par le dépositaire du registre ouvert à cet effet;

bres des conseils-généraux ou d'arrondissement, celles de maires et d'officiers municipaux; tous les emplois dans les administrations diverses, vous paraîtront sans doute l'objet de la désignation de la loi, et ce sera remplir ses intentions, comme c'est atteindre le but qu'elle se propose, que de rejeter de vaines distinctions. C'est ainsi que vous aurez considéré comme des nominations émanées de l'usurpateur, celles qui ont été faites par des autorités qu'il avait lui-même établies, et celles aussi qui ont été le résultat de la convocation qui a eu lieu par ses ordres, d'assemblées primaires et de colléges électoraux.

Le fait de l'acceptation de l'acte additionnel ne pourra pas présenter de difficultés. Les registres font foi; il sera facile d'y recourir, soit sur les lieux mêmes, soit au ministère de l'intérieur; où la plupart sont déposés.

Mais la notoriété publique et l'impossibilité où seraient les personnes intéressées d'établir à cet égard une controverse, en dispenseront, selon toute apparence. D'ailleurs, vous pourrez aisément interpeler à ce sujet les fonctionnaires du canton habité par le régicide, chez lesquels les registres étaient déposés.

4° A ceux qui n'ont oc-
cupé que des fonctions de
membres des conseils mu-
nicipaux d'arrondissement
ou de département, ou
toutes autres municipales
non salariées, et dont la
nomination n'était pas faite
par l'usurpateur;

5° A ceux enfin qui
n'avaient que *siégé au
Champ-de-Mai*, ou au
*collége de leur dépar-
tement*; ce dernier acte
constituant l'exercice d'un
droit, mais non pas l'oc-
cupation de fonctions pu-
bliques, etc.

Quant à l'application du mot
régicide, vous penserez probablement aussi, monsieur, que
l'intention du législateur a été
d'atteindre tous ceux des membres de la Convention siégeant
en la séance permanente, qui,
n'ayant pas craint de s'ériger
en juges de leur Roi, ont osé
appeler la mort sur sa tête sacrée, et sont d'ailleurs dans le
cas prévu par l'art. 7. Leur
conscience leur dira que *quelques conditions qu'ils y aient
apportées, leur vote n'en a
pas moins été* RÉGICIDE. Celui-
là encore, quel qu'ait été son
vote antérieur, ne pourra que
vous paraître régicide, qui, re-
fusant tout sursis à l'exécution
du crime, aura envoyé son Roi
à l'échafaud.

N. B. On verra comment, en
1818, M. Decazes entendait le
mot *régicide*, par la lettre suivante, adressée à l'un des ex-
conventionnels.

(Cabinet.)

Paris, 29 juillet 1818.

Je me plais à vous faire connaître, monsieur, que
la décision par suite de laquelle des passe-ports vous
ont été délivrés pour rentrer en France, a été prise
par Sa Majesté, en son conseil du 27 mai 1818, sur
la considération qu'elle a daigné accueillir des *con-*

ditions atténuantes qui ont fait compter vos votes à la Convention contre la mort du Roi-martyr. J'ai invité, en conséquence, M. le préfet de police de Paris, et M. le préfet de........, à ne mettre aucun obstacle à votre séjour dans leurs départemens respectifs, où vous jouirez, comme par le passé, de tous les droits dont vous aviez été privé par l'effet des dispositions de l'article 7 de la loi du 12 janvier 1816, qui ne vous sont pas applicables.

Recevez, monsieur, l'assurance de *ma considération distinguée*,

Le ministre de la police générale.

Pour Son Excellence, et par son ordre,

Le maître des requêtes, secrétaire-général du ministère,

Signé MIRBEL.

Il est curieux de connaître quelles étaient les *conditions atténuantes* qui, sous le règne du frère de Louis XVI, provoquaient la *considération distinguée* d'un ministre du Roi.

Voici l'extrait du vote prononcé par le conventionnel à qui la lettre ci-dessus est adressée :

« Si je ne me sentais pas le courage de poignarder le premier usurpateur qui prétendrait le remplacer; si le civisme et le courage de mes frères d'armes ne

m'assuraient avec évidence que les puissances étrangères feraient de vains efforts pour nous ravir notre
liberté, j'adopterais une mesure de sûreté générale,
parce que le salut de la république est la loi su-
prême; mais je m'accuserais de pusillanimité, si les
suites de la condamnation d'un Roi me donnaient
des craintes sur notre liberté. En votant pour la
mort, j'impose silence au cri de l'humanité, pour
n'entendre que celui de ma conscience; mais je demande que l'exécution du jugement soit différée,
*jusqu'à ce que la Convention ait pris des mesures
certaines pour que la famille de Louis ne puisse plus
être nuisible à la république.* »

N° XXVI.

MINISTÈRE DE LA GUERRE.

Paris, le 4 mai 1820.

Monsieur le vicomte, j'ai l'honneur de vous transmettre, d'après votre demande, un *certificat qui
constate que vous avez été chargé, en 1818, de passer
une revue spéciale des régimens suisses de Freuller
et de Salis.*

*Ce certificat vous tiendra lieu du duplicata de la
lettre que mon prédécesseur vous écrivit le 24 juin 1818.*

J'ai l'honneur d'être,

Pour le ministre,

le directeur, *signé* FOISSAC-LATOUR.

Par ordre du ministre secrétaire d'État au département de la guerre,

Le directeur certifie à tous qu'il appartiendra, que, par lettre du 24 juin 1818, monsieur *le vicomte Donnadieu*, lieutenant-général des armées du Roi, a reçu, d'après une décision de *Sa Majesté*, l'ordre de se rendre sans le moindre délai, auprès des régimens suisses de Freuller et de Salis, en garnison à Dijon et à Clermont-Ferrand.

Certifie, en outre, que l'objet de cette mission était de passer une revue spéciale de ces corps; d'examiner leur situation sous le rapport du personnel, de s'assurer si les hommes qui les composaient, réunissaient les qualités exigées par les capitulations, enfin de proposer pour la réforme ceux qui seraient impropres au service.

En foi de quoi il a délivré le présent certificat, pour servir et valoir ce que de raison.

Paris, le 4 mai 1820.

Signé Foïssac-Latour.

N° XXVII.

Extrait de la seconde lettre de Martius-Veter.

« Je vais rapporter un fait plus récent et pris en d'autres lieux.

« M. le lieutenant-général Donnadieu devait, aux termes de l'ordonnance du 22 juillet 1818, faire partie de *plein droit* du cadre d'organisation de l'état-major-général, comme étant en activité de service à cette époque. Le traitement de disponibilité lui fut donc ainsi acquis de *plein droit* du jour où l'ordonnance fut rendue, et il a été fondé à le réclamer. On a prétendu qu'il n'était pas en activité de service, quoiqu'il eût donné des ordres aux troupes du Roi, en vertu d'une commission royale expédiée dans le département de la guerre; on a prétendu qu'il n'avait pas eu *qualité d'inspecteur, quoiqu'il eût inspecté des troupes;* enfin on lui a dit, comme aux officiers rentrans de l'exil: *Il n'y a pas de fonds pour acquitter de telles créances.* Il a insisté pour contraindre le bilan de son débiteur en faillite, et son insistance a été, dit-on, très-vive. Le guichetier de l'Abbaye et des gendarmes se sont alors présentés pour juger en dernier ressort. »

FIN.